本書の見方について

❶ **店名**

❷ **ジャンル**
全部で19のジャンルに分かれています

❸ **店舗情報**
上から順に、
地図の位置、電話番号、住所、営業時間、定休日

❹ **アイコン**

- 禁煙席有
  ※分煙、時間により禁煙、電子タバコは可などは、各店舗により異なる場合有

- 駐車場有

- クレジットカード使用可
  ※使用出来るクレジットカードの種類や、使用条件は、各店舗により異なる場合有

- 個室有
  ※半個室の場合有

※本誌に掲載されている情報は、2018年10月現在のものです。
　商品や価格、店舗情報は、季節や日時の経過により変更される場合がありますので、予めご了承ください。
※掲載されている料理写真は、仕入れ状況や季節により、内容が異なる場合がありますので、予めご了承ください。
※掲載されている価格は特別な表記がない場合、税込価格です。
※年末年始、GW、お盆は、通常の休みと異なる場合があります。
落丁・乱丁はお取り替え致します。
※本誌掲載の写真・イラスト・地図及び記事の無断転載を禁じます。

目次

- P.4　1　連れて行きたい 街中酒場
- P.24　2　気軽に立ち寄る イタリアン
- P.38　3　予約して行きたい フレンチ
- P.48　4　やっぱり好き！ 洋食
- P.60　5　知っておきたい 和食
- P.78　6　止まらない立ち飲みブーム！
- P.96　7　溢れる肉汁が堪らない 肉
- P.118　8　心ゆくまで食べたい ラーメン
- P.132　9　熱々を頬張る！ 中華

【 コラム 】

- P.90　京都真夜中案内① あと一軒！立ち寄りたい店
- P.94　京都真夜中案内② 教えたくない秘密のBAR
- P.114　注目の横丁
- P.230　朝から楽しむモーニング

- **10** スパイス香る多国籍 P.144
- **11** お皿に宇宙をカレー×無限大 P.156
- **12** お腹いっぱい満足丼 P.166
- **13** 名店揃いのうどん・そば P.170
- **14** 今夜は鍋が食べたい！ P.180
- **15** ソースの香り漂う粉もん P.184
- **16** 毎日食べたいパン P.190
- **17** 自慢したいコーヒー P.208
- **18** 居心地のよいカフェ P.222
- **19** 町家でごはん P.234

【 MAP 】

- 京都広域図 P.245
- 祇園・清水五条 P.248
- 河原町・東山 P.246
- 烏丸周辺 P.250
- 五条周辺 P.252
- 京都御所・丸太町 P.254
- 京都駅・七条 P.256
- 岡崎・白川 P.258
- 北大路・北山 P.260
- 上賀茂 P.262
- 千本北大路 P.263
- 西陣・二条 P.264
- 太秦天神川 P.265
- 西院・丹波口 P.266
- 桂・向日町 P.267
- 山科・蹴上 P.268
- 伏見 P.269

逆引きインデックス P.272

京都おいしい
グルメ ちび 348店

めまぐるしく変化と進化を遂げていく、京都の街。
コンパクトな街にはぎっしりと人の想いが詰まっている。

忙しい毎日のなかでふと思うのは、
「今日は誰と、どんなごはんを食べようか」。

美味しいものを食べるとき、自然と笑顔になるように。
誰かと一緒に食べたくなるような、教えたくなるような
そんなグルメを紹介。

この一冊で、美味しい毎日を過ごそう。

1 連れて行きたい街中酒場
sakaba

美味しい野菜と
自然派ワインに感動！

九条ねぎをたっぷり使った
ラム肉のマーボー豆腐850円

1. ピリ辛ヨダレ鶏750円〜協力農家さん
のキュウリとパクチー〜　2. ニラヌタ〜
協力農家さんの朝採れ!!〜400円

酒場トやさい イソスタンド

さかばトやさい イソスタンド／蛸薬師室町

開放感あるスタンドが印象的な［五十棲］系列のニューフェイス。自然派ワインやクラフトジンなど店主・四方さんが選ぶこだわりのお酒に合わせるのは、自家農園の新鮮な野菜を主役に据えたアテの数々。立ち飲みができるカウンターやテーブル席もあり、使い勝手も抜群だ。

map P251-2B
☎ 075・585・5613
京都市中京区蛸薬師通室町西入ル姥柳町190-2
16:00〜24:00 (LO/23:30)
※16:00〜17:00はドリンクのみ　不定休

閉店までノンストップ
元気な店主と陽気な夜

名物・原始焼はイワシ650円、
イワナ810円など

京風ベロ大根1030円。
大根と牛タンにダシが
染み込む

酒菜 米べゑ

しぇけな べいべえ／東洞院四条

店名から察する通り、店主が弟と幼馴染を引き連れて営む賑やかな酒場。開店直後から店は活気に溢れ、ノリの良いスタッフとともに老若男女が宴に興じる。約20年住んだバンクーバーで和食の調理を覚えたという店主が指揮を執る料理も評判。名物の原始焼やお造り5種盛りなど抜け目のない1品が揃う。

map P250-3C
☎ 075・286・3889
京都市中京区東洞院通四条上ル
阪東屋町664-25
17:30〜23:30　不定休

1. あまからのタレの京都牛のひと口すき焼き600円 2. トマトとアボカドのナムル550円。塩昆布でさっぱり 3. 大根と牛スジの煮込み550円。生姜がアクセント

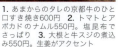
新鮮野菜がごろごろ

鉄板とお酒 宗や

てっぱんとおさけ そうや／松原寺町

map P252-2D
☎ 075・204・5276
京都市下京区寺町通松原西入ル
石不動之町700
18:00〜翌3:00(LO／翌2:30)
不定休
card

街中酒場

人気店で11年もの修業を積んだ店主の吉田さんが、新鮮な野菜を駆使した創作料理が味わえる店をオープン。久御山や伏見から仕入れる野菜をお肉と合わせて鉄板焼きにしたり、からすみなどの意外な食材と合わせたり、ひとひねり利いたメニューが充実。深夜までの営業も心強い。

新鮮野菜にひと手間で
幅広いメニューを提案

おひとり様歓迎のごきげん酒場

あばら塩煮込み518円。豚のあばら軟骨と牛スジ入り

名物むし豚518円。自家製ラー油と醤油ダレが絶妙

名物のむし豚!

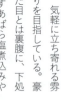

ポテトとスパゲッティサラダが半々のポテサラ432円

大衆酒場 こうじゑん

たいしゅうさかば こうじえん／河原町松原

細長い路地奥にある扉を、ひとたび開ければそこは一人飲みにもやさしい空間。多くのメニューを500円前後に設定し、気軽に立ち寄れる雰囲気作りを目指している。豪快な見た目とは裏腹に、下処理を施すあばら塩煮込みや1日塩麹に漬け込んで蒸しあげるむし豚など、丁寧なひと手間を惜しまない。

map P249-2A
☎ 075・344・4600
京都市下京区松原通寺町東入ル
幸竹町382-14
16:00〜23:00(LO) 不定休

後院上ル

こういんあがル／四条大宮

河原町五条で愛される[にこみ屋六軒]の姉妹店。鶏でもなく、牛でもなく、こちらの主役はずばり豚串。豚の魅力を伝えたいと、さまざまな部位をベストな味付けで提供する。丁寧な下処理をした串は何本食べても飽きが来ず、早くも界隈の酒飲みの心を掴んでいる。昼飲みができるのも嬉しい。

map P266-1B ☎ 075・406・0178
京都市中京区壬生坊城町47-4
14:00〜22:00(LO)　水曜休

1. ナンコツ150円。塩か辛子味噌で食感を楽しんで　2. ハツ200円。弾力のある部位は酢と醤油で味付け　3. カシラ200円。豚肉の旨みが強い部分をBBQ風に

街中酒場

異なる味付けが引き出す
豚の新たな魅力を発見

焼きたてを召し上がれ！

お酒とスパイス料理で
至福のバータイムを

クラフトビールと一緒に！

お酒がすすむバラエティ豊かな肉料理は、常時10種類以上680円〜

タイのヤムウンセンに着想を得た、魚介や季節の果物のヤム900円

BUNGALOW 寺町店

バンガロー てらまちてん／寺町御池

四条堀川で毎夜賑わう【BUNGALOW】の姉妹店が登場。店長の戌亥さんが、アジア料理にインスパイアされ自由な発想で仕上げるスパイス料理や、国内のブルワリーから厳選するクラフトビールやワインなどのラインナップも魅力的。熟成による酸味が特徴のサワーエールもおすすめ。

P247-1A
075・211・8507
京都市中京区上本能寺前町476 TATビルB1F
17:00〜23:00(LO)
日曜12:00〜21:00(LO)
月曜休(祝日の場合は翌日)

ピアディーナ700円。薄い生地で生ハムやモッツァレラを巻いたイタリア風トルティーヤ

牛肉の旨みとチーズが利いたタリオリーニ1500円。内容は季節により変更有

街中酒場

連日賑わう昼飲みスポット

IL LAGO
イル ラーゴ／姉小路河原町

昼と夜の2つの顔がおもしろい！

map P247-2A
☎ 075・212・8525
京都市中京区河原町通三条上ル
2筋目東入ル恵比須町534-29
12:00～14:00 (LO)
17:00～24:00 (LO/22:00)
金曜15:00～24:00 (LO/22:00)
土・日曜ランチ12:00～14:00
カフェ＆バール14:00～17:00
ディナー17:00～24:00 (LO/22:00)
木曜・金曜昼休

長野の有名ゲストハウス［LAMP］の支配人を務めた堀田さんが地元に凱旋。親しんでいた「IL LAMPO」を引き継ぎ、腕利きのメンバーとともに1日中使えるバルを誕生させた。昼はハンバーガー、夜はイタリアンが楽しめ、スタンディングもテーブルもあるので、使い方は自由自在だ。

地元・伏見の日本酒とおばんざいで乾杯

1. 中に野菜やささみなどを包んで。白板昆布巻き400円　2. シンプルにダシが引き出す野菜の美味しさを味わう。季節の野菜の揚げひたし500円　3. トマトの冷製だしひたし450円（夏季限定）

おこぶ北清

おこぶきたせ／中書島

京阪・中書島駅につながるメインストリートにオープンした［きたせ昆布老舗］のおばんざいと日本酒の店。多くの人に昆布だしを知ってもらいたいと話す、店主の北澤さん。ダシをよく知る専門家が手掛ける絶品のおばんざいと地元伏見を中心に揃えた日本酒を求めて、地域の交流の場にもなっている。

🗺 P269-3B
☎ 075・601・4528
京都市伏見区南新地4-52
18:00～22:00
土・日曜、祝日12:00～
月曜休

松本酒場

まつもとさかば／祇園

街の情報通が花街のカウンターに

map P249-1B
☎ 075・531・9559
京都市東山区大和大路通四条下ル一丁目大和町18-18
18:00～24:00
日曜休、他不定休有

card

京都の出版社で15年間勤めたのち飲食業に転身し、計20年近く街を飲み歩いてきた店主・松本さん。京都のあらゆる食事情を知り尽くす彼が祇園に店を構えたとあれば、一人、また一人と噂を聞き付けあっという間に繁盛店に。名物の炭火焼き＆わら炙りと日本酒で、楽しい夜を過ごせそう。

街中酒場

ワラ炙りいっとく？

1. アスパラの塩焼き520円。季節の野菜を炭火焼きで　2. 鶏せせりの塩焼き580円。弾力と脂身がしっかり

あのおでんが大宮に！
もう一つの名物も誕生

おでん各種194円〜。醤油をほとんど使わずあっさり

トマトのおでん500円。生クリームとチーズで洋風に

おでんと釜飯 ムロ

おでんとかまめし ムロ／四条大宮

焼き鳥で知られる[チブヤ]のオーナーが、木屋町にあった隠れ家を飲み屋街・大宮へ移転。昆布と鰹を中心としたあっさりダシのおでんは、日本酒の杯がぐいぐいすすむ魅惑の一品。トマトなど素材の味を活かした約35種を用意する。移転後に登場した看板メニューの釜飯も必食。

おでんの
ネオンが目印

map P266-1B
☎ 075・822・7300
京都市中京区壬生坊城町3-3
18:00〜翌1:00 (LO／24:00)
水曜休

スタンドから個室まで多様なニーズに対応

街中酒場

干し柿とくるみのクリームチーズパテ432円

貝柱の醤油煮432円。どんなお酒にも相性抜群

豚のトロトロ角煮540円。お腹を満たす料理も

サケホール 益や

サケホール ますや／蛸薬師烏丸

細い入り口をくぐり抜けて

日本酒バル［益や酒店］の2号店は、吹き抜けの高い天井にさまざまな声がこだまする"サケホール"。全国約40種の日本酒が半合からオーダーできるのは1号店と同様だが、毎週テーマが変わる利き酒セットが楽しめるのはここだけ。昼営業もあるので、カフェタイムならぬ"アテタイム"にも注目を。

map P250-2C
☎ 075・708・7747
京都市中京区蛸薬師通烏丸東入ル
一蓮社町298-2
11:30〜14:30（LO／14:00）
17:30〜24:00（LO／23:30）
火曜休

キウイとセロリのフェンネルシードオイルのサラダ1100円

空間も料理も唯一無二
訪れる度に新たな発見を

本気の肉を味わうなら
どこよりも先ずここへ

スパイスとハーブが刺激的な自家製ソーセージ1200円

フランス産ペリゴール鴨4000円。炭の香りをまとわせて

Maker

メーカー／西院

京赤鶏の燻製2500円。サクラチップで燻製し蒸し焼きに

黒じゃがいもと蛸 スモークパプリカのパウダー 1200円

「まだこの世にないものに心惹かれる」と話す店主が、3年の歳月を掛けて完成させた空間が見事。店中央に置かれた大テーブルを囲む客で賑わいを見せ、季節の野菜や果物をスパイスなどと組み合わせるなど、何者にも分類しがたい独創的な料理は常に驚きを与えてくれそう。

📍 P266-1A
☎ 075・950・0081
京都市右京区西院三蔵町49
18:00～24:00 (LO／23:00)
金・土曜11:30～16:00、18:00～24:00 (LO／23:00)
月・火曜休

HUNTER

ハンター／東洞院夷川

肉を愛するマッチョな店主・今井さんの料理はその豪快さに圧倒されるが、その中に光る繊細さが他とは一線を画す所以。ソース、味付け、焼き加減など、フレンチの経験を随所に活かしてワングレード上の肉料理を提供する。守備範囲は牛、豚などはもちろん、鴨や猪鹿などのジビエまで幅広い。

📍 P254-3C
☎ 075・708・5566
京都市中京区東洞院通夷川下ル壺屋町533-2 武内ビル1F
18:00～22:00
ランチ水曜のみ11:30～14:00
木曜夜、第3水曜休

フランスの風が流れる
楽しく美味しい時間

気分はフランス！

1. クレープ 砂糖とバター 756円、アイストッピング+108円 2. パテやハムなどのシャルキュトリー盛合せ1864円（写真は2人前）など

CANTINE AU DISCO

カンティーヌ オー ディスコ／柳馬場三条

ガレットやクレープなどフランスの地方料理や現地のビストロ、カフェで見かける素朴で豪快なメニューを味わえるフランス食堂が移転オープン。以前より広くなった店内はまるでパリのビストロ。毎年渡仏するというシェフが感じたフランスの風を見事に再現してくれる料理はどれも格別の味。

map P250-2D
☎ 075・708・6233
京都市中京区柳馬場三条上ル油屋町94
11:30〜23:00（フードLO／22:00、ドリンクLO／22:30）
ランチ〜14:00（LO）　火曜、月1回水曜休

3種が選べるテイスティング
セット1400円

和束の茶葉香るクラフトビールで乾杯

Kyoto Beer Lab

キョウト ビア ラボ ／木屋町七条

　ビール醸造所を備えた、高瀬川沿いのブリューパブ。お茶のクラフトビールなど常時8種類の作りたてビールが楽しめる。おすすめは和束町の高級宇治茶を用いた「CHABEER」。あれこれ試したい時はテイスティングセットを。

map P257-1B
☎ 075・352・6666
京都市下京区十禅師町201-3
15:00〜22:00 (LO／21:30)
金曜〜23:00 (LO／22:30)
土曜13:00〜23:00 (LO／22:30)
日曜、祝日13:00〜22:00 (LO／21:30)
祝前日15:00〜23:00 (LO／22:30)
無休

card

街中酒場

メイドインジャパンのお気に入りを見つけて

日本のお酒と肴 澄吉

にほんのおさけとさかな すみよし／押小路室町

　日本ワインや日本酒など国産のお酒と、和食一筋の料理人が手掛ける肴が評判。店内にはソムリエとパティシエのスタッフがスタンバイ。2人のアドバイスを受けながら、好みのお酒を探してみて。

map P255-3B
☎ 075・212・3800
京都市中京区押小路通室町西入ル
蛸薬師町291-3
11:30〜14:30、18:00〜23:30
土・日曜16:00〜23:00
不定休

1. 鯵寿司486円。鯖ではなく〆鯵なのがポイント。季節によって変更有　2. 伝助穴子1080円。オリーブオイルをつけてワインといただくのが澄吉流

おいしいごはんの楽しみ方

❷ 時間帯をズラしてみよう

　混み合う時間帯に行くのではなく、時間に余裕があるのであれば、ちょっと違う時間に行ってみても楽しいかもしれない。店内も空いていてゆっくりと過ごせるうえ、ランチタイムに余ったデザートをもらえたり、いいこともあるかも？

❶ 行く前に予約がベター

　もちろん必須ではないけれど、事前にお店に予約をしておくのがベター。いきなり行っていっぱいだった、ということもなくスムーズに入店できる。さらに融通を聞いてくれそうなお店であれば、好き嫌いやアレルギーも伝えておくとなおよし。

❹ ごちそうさまでした

　大人数で訪れるときには、事前に誰かがまとめてお会計をしておくとスムーズ。おいしいごはんをお腹いっぱい食べたら、ぜひおいしかったとお店の人に伝えて帰ろう。

❸ 会話も楽しんで

　特に料理をオーダーする時には、ぜひお店の人におすすめのメニューを聞いてみよう。季節のおすすめやその日にしか食べられないもの、最近新しくなったメニューなどを教えてもらえて、いつもとは違う料理に出合えるかもしれない。

今食べたい
おいしいグルメ348

2 気軽に立ち寄る
イタリアン
italian

イタリア仕込みの
パワーみなぎる料理を

京都平井牛×京都ぽーくの合い挽きを使用した、リストランテ野呂メンチカツデミグラスバルサミコソース(100g)2785円

うにのトマトクリームパスタ(2人前) 3500円前後。北海道産生うにを使用

イタリアン

自家製ロースハムと季節のフルーツ 1922円。ハムは京都ぽーくで手作り

リストランテ 野呂

リストランテ のろ／二条城南

朗らかで軽快なトークにたちまちファンになる、店主・野呂さんは[ホテルグランヴィア京都]でシェフを務め、各界のシェフからも一目置かれる腕前の持ち主。夜はアラカルト中心でハーフサイズも注文可能というのも嬉しい。旬の野菜と魚介を存分に活かした珠玉の一品を気軽に楽しんで。

map P264-3B ☎ 075・823・8100
京都市中京区西ノ京職司町67-14
11:30〜14:30(LO／13:30)、17:30〜22:00(LO／20:30)
月曜休、火曜月1回不定休

THE MATSUMOTO KITCHEN

ザ マツモト キッチン／城陽

城陽の美味しさを発信
圧巻の窯焼き料理

城陽出身の松本シェフが、地元で独立。人気店「イルフィーコ」を新たに、松本シェフの世界観が堪能できる窯焼き料理のリストランテをオープン。水分を保ちつつ、遠赤外線効果で火を入れる窯焼きのコースは完全予約制。自ら栽培もする城陽野菜、自家製城陽ワインも楽しみたい。

map P270-17
☎ 0774・27・1943
城陽市寺田東ノ口55-13
グランディール102
11:30～15:00、18:00～21:00
※完全予約制　不定休

料理はすべてコース4000円の一例 1.茶乃月の卵を使ったカルボナーラ。窯焼きで仕上げた松茸を添える　2.城陽イチジクのキャラメリゼ フォアグラの窯焼き　3.前菜は城陽の畑をイメージしたバーニャカウダ風味

名店の技を主軸に置き
新たな可能性にも挑戦

1. キタッラ豚ホホ肉の塩漬けと玉ねぎのトマトソース アマトリチャーナ1296円 2. 前菜盛り合わせ(2〜3人前)1728円。ボリューミーでワインもすすむ 3. 熊本産のあか牛モモ肉の炭火焼(180g)2808円

イタリアン

trattoria acca

トラットリア アッカ／西院

「La Voce」で長年シェフを務めた塚口さんが独立。イタリアの郷土料理に軸をおきつつ、フェットチーネやキタッラなどの自家製パスタにも挑戦し、独自のアクセントを加えた料理が注目を集めている。厳選されたイタリアワインのみを豊富に取り揃えているので、料理に合うワインも気軽に尋ねてみて。

map P266-1A
☎ 075・874・3885
京都市右京区西院矢掛町28-2
11:30〜13:30(LO)、17:30〜22:30(LO)
日曜11:30〜13:30(LO)、17:30〜21:00(LO)
月曜休

vena

ヴェーナ／室町夷川

熟成ワインと極上料理で
優雅で贅沢な大人の時間を

1

「BOCCA del VINO」でソムリエを務めた池本さんと「イル・ギオットーネ」で腕を磨いた早川シェフがタッグを組んだ新進気鋭のイタリアン。新鮮さが命の魚介は〆たてを、肉は少し寝かせて熟成させるなど、素材の持ち味を極限まで引き出した美皿の数々に心が躍る。

map P255-3B
☎ 075・255・8757
京都市中京区室町通夷川上ル鏡屋町46-3
17:30〜21:00(LO)
土〜火曜12:00〜13:00(LO)、
17:30〜21:00(LO)
水曜休、他月1回不定休有

2

3

料理はすべてランチコース7080円の一例 1.イベリコ豚のほほ煮込みにサマートリュフを添えて 2.牛テールと薄い豆と半熟玉子のスープ 3.毛ガニとグリーンアスパラとうにのスパゲッティなど

イタリアン

イタリアの伝統料理から新たな一皿を

料理はすべて6480円のコースより一例
1. 鱧とズッキーニと自家製セミドライトマトのスパゲティ　2. シチリア産のカツオと新タマネギ、レモンのサラダ　3. 天然鯛のソテーとフェンネルのピュレ、オレンジソース

italiana SAGRA

イタリアーナ サグラ／先斗町四条

京都風情が残る先斗町、すぐそばには鴨川が流れ、夏には川床も楽しめるイタリアン。京都の名店で10年研鑽を積んだ鶴谷シェフが、伝統に新しさをプラスした印象的なひと皿を作り上げる。ディナーの後は2Fのワインバーで夜の余韻に浸ってゆっくりとしてみて。

map P247-3A
☎ 075・212・1555
京都市中京区先斗町通四条上ル鍋屋町232-10
12:00〜15:00(LO／13:30)
18:00〜23:00
(コースLO／20:30、アラカルトLO／21:30)
ワインバー18:00〜翌2:00(LO／翌1:00)
火曜休(祝前日、祝日の場合は翌日)

和のエッセンスが光る
イタリアンの新星

fudo
フウド／御池富小路

城陽の名店「イルフィーコ」で研鑽を積んだ入江シェフの店。鰹や昆布、鯛などの和だしの味わいを活かし、ときには大胆に和食ならではの食材も交えた独創性溢れる和のイタリアンが楽しめる。常時30種類ほど揃うという日本ワインとも相性抜群だ。

map P250-1D ☎ 075・253・6290
京都市中京区御池通富小路東入ル御池大東町590
加納ビルB1F
17:00〜24:00(LO)　火曜休

1. 鯛出汁パスタ からすみ青のりとネギ 1940円　2. 京都丹波高原ポークのアクアパッツァ 3024円

豪快な一皿にファン続出
ローマの下町料理

1. リガトーニ コン パイアータ 牛ホルモンのトマト煮込み1404円 2. ローマの郷土料理、仔羊のスコッタディート2376円

Cenetta Barba

チェネッタ バルバ／高辻烏丸

昼は繊細なコース料理を楽しめるリストランテ、夜は現地の下町食堂さながらのローマ料理をアラカルトで提供するトラットリア。肉や野菜をたっぷり豪快に盛り込んだ骨太な郷土料理は味わい濃厚。店主・藤田さんの作り出す居心地のよい空間で、種類豊富なワインがすすむ。

map P252-2C   075・708・3606
京都市下京区高辻通烏丸東入ル匂天神町642
12:00～14:00、18:00～23:00（LO／22:00）
火曜休、他不定休有

イタリアン

福井直送の海の幸を
ワインと共に

イタメシ Oliva

イタメシ オリーヴァ／先斗町

大阪や祇園のイタリアンで経験を積んだ店主の折井さん。高校生の頃友人が作ってくれたひと皿に感動したことが、料理の道へ進んだきっかけに。そんな青年時代を過ごした折井さんの地元・小浜から直送される魚介は新鮮そのもので、アテ、メイン、パスタと幅広いメニューで楽しめる。

店主の地元福井県小浜から直送の小鯛を使った鯛アクアパッツァ1836円〜

タリアテッレボロネーゼ1512円。野菜の旨みに赤ワインの風味をプラス

map P247-3A ☎ 075・708・8178
京都市中京区下樵木町202-4-1
先斗町たばこやビル3F
18:00〜24:00　水曜休

Bランチ1512円。好きなランチピッツァと前菜3種盛りがセット

前菜盛り合わせ、パン、パスタ、ドルチェなどがつくPranzo(昼食)1600円

イタリアン

本場の味に魅せられて
ナポリの味を再現

PIZZERIA DA NAGHINO

ピッツェリア ダ ナギーノ／三条東山

　イタリアから取り寄せた小麦粉を使い、本場のままの薪窯でナポリ仕込みの味を再現するピッツェリア。サンタルチアの名店で約3年腕を磨いた店主が焼き上げる、小麦の香り溢れるもちもちのナポリピッツァは絶品。

map P246-2C ☎ 075・744・6568
京都市東山区七軒町20-2 サングリーン1F
11:30〜15:00 (LO／14:30)
17:30〜22:30 (LO／22:00)
無休

シェフが惚れ込んだ
トスカーナの味

Trattoria Invito

トラットリア インヴィート／伏見桃山

　扉を開けるとピンク色の店内に心躍る、トスカーナ地方のイタリア郷土料理が楽しめる店。現地で味わった味を再現したいと長谷部シェフが、飾らない笑顔で肉や野菜、豆を大胆に使った料理を提供してくれる。

map P269-3B ☎ 075・612・1205
京都市伏見区御堂前町617-1 山京桃山ビル1F奥
12:00〜14:30 (LO／14:00)
18:00〜23:00 (LO／22:00)
金・土曜は〜翌1:00 (LO／24:00)
※ランチは日〜水曜のみ　木曜休

Lapintaika

ラピンタイカ／東大路仁王門

日々生まれるひと皿は
次に訪れる時の楽しみ

「毎日食べても飽きないイタリアン」を目指し、岡崎に店を構えた店主・長手さん。いつ足を運んでも新しい発見があると地元で愛されている。ボリュームたっぷりの前菜だけでも大満足のランチは、1500円という良心価格でまさに日常使いできるのが嬉しい。夜もアラカルトで気軽に。

map P246-1C ☎ 075・205・0477
京都市左京区北門前町499
12:00〜13:30(LO)、18:00〜23:00(LO)
月曜、火曜昼休

ランチのパスタセット1500円。たっぷりの前菜盛り合わせに、自家製パン、パスタにドリンクが付く

秋刀魚のマリネと焼きナス1100円

絶妙なスパイスで肉の旨みが堪能できる逸品、自家製パテ780円

加都茶豚のロースト2500円。300gとボリューム大

イタリアン

シェフの腕が光る
カジュアルイタリアン

piccolo bambino

ピッコロ バンビーノ／伏見桃山

　肩肘張らずに楽しめるカジュアルな雰囲気が幅広い世代から支持を得ている人気店。クオリティの高いパスタのほかに石窯で焼き上げる直径27cmのピッツァも必食。ワインと相性抜群のアラカルトもその日の気分で味わえる。

map P269-3B　☎ 075・574・7427
京都市伏見区魚屋町573 川口ビル107
11:30〜15:00（LO／14:00）
17:30〜24:00（LO／23:00）
月曜・第3火曜休（祝日の場合は翌日）

朝採り野菜が嬉しい
元気いっぱい幸せごはん

イタリア食堂 Necco

イタリアしょくどう ネッコ／伏見桃山

　畑で収穫したばかりの自家栽培野菜をふんだんに用いた料理を、カフェのようなほんわり温かい空間で楽しめる。新鮮な野菜たっぷりで女性ウケ抜群。パスタに前菜やデザートなどが付く1600円のランチもかなりお値打ち。

map P269-3B　☎ 075・623・4139
京都市伏見区塩屋町221-1
11:30〜15:00（LO／14:00）
17:30〜22:00（LO／21:30）
日曜休、月・金曜昼休

ながぐつ食堂

ながぐつしょくどう／大宮今出川

昼は台湾料理、夜はイタリアンという二刀流。ランチの魯肉飯、ディナーで人気のパスタなど、どちらも本場の味に忠実で、世界中をバックパッカーで旅した店主・松山さんの再現力の高さに驚く。またトルコ風串焼きなど、松山さんが旅の途中で出合った各地のメニューも隠れた人気。

map P263-3B ☎ 090・2052・1569
京都市上京区大宮通五辻上ル芝大宮町17
12:00〜14:00(台湾式食堂QQ的)、18:00〜23:00
※22:00以降の来店は電話にて要予約
木曜休、月1回の不定期連休有

世界を旅して見つけた
各地の味を忠実に再現

1. 親子なーら1280円。超濃厚クリームに大ぶりのチキンがゴロゴロ **2.** スキレットにのせた熱々の揚げナスとモッツァレラのグラタンパルミジャーナ680円

美食家も通いつめる
大人のオステリア

Lino

リノ／衣棚押小路

「素材の魅力を大切に」とイタリア料理の原点を忘れないシェフ。選び抜いた季節食材を細心のアレンジで作るメニューはどれも本格派。パスタやリゾット、アラカルトまでワンランク上の味わいに心行くまで酔いしれて。

map P255-3B　☎ 075・746・6469
京都市中京区衣棚通押小路上ル上妙覚寺町230-2
12:00〜14:00(LO)、18:00〜22:00(LO)
日曜休(月曜が祝日の場合は営業)
card

旬の食材を堪能できる、パスタリゾットコース2500円の一例

イタリアン

日常的に使いたい
クオリティとコスパの良さ

wine&beer ESTRE

ワイン&ビア エストレ／東山三条

オープンと同時に賑わう気軽に行ける街のイタリアンバル。東京のイタリアンバルで7年間の修業後、京都の[Osteria tempo]で料理長も務めた店主。200円の小皿料理からメイン、リゾットまで客の心を離さない本格料理を堪能できる。

map P246-2C
☎ 075・551・8298
京都市東山区東大路通三条下ル
南西海子町434-6
東山三条ビル1F
19:00頃〜24:00頃
不定休

1. 旨みたっぷり、牛ハラミのロースト1400円　2. ホタテと生海苔のクリームリゾット1400円

新たな一歩を踏み出した
フランス料理界の新星

3
french

予約して行きたい
フレンチ

レストランひらまつ 高台寺

レストランひらまつ こうだいじ／二寧坂

東京をはじめ全国の美食家に支持される[ひらまつ]が京都に初出店。こちらでいただけるのは、素材本来の旨みや力強さを引き出したフランス料理。シンプルでありながら深い味わいが楽しめる。八坂の塔を正面に眺める最高のロケーションが、より一層美味しさを演出してくれる。

 P248-2D
☎ 075・533・6063
京都市東山区高台寺桝屋町353
11:00〜15:30 (LO/13:00)
17:30〜23:00 (LO/20:30)
月曜休(祝日の場合は翌日)

フレンチ

写真はすべてランチ7560円(サ別)からの一例 **1.** 赤ピーマンのムース。酸味あるトマトソースと共に **2.** 鹿肉のグランヴヌールソース **3.** 北海道産真鱈のムニエル 黒トリュフとプチレギューム

その日一番の素材を最速でゲストへサーブ

1. 長崎五島列島産黒むつを使うブイヤベース1836円。魚の濃厚な風味漂う
2. ある日の前菜から、敦賀産鰆 自家製リコッタ ヘーゼルナッツの香り1404円

NAKATSUKA

ナカツカ／姉小路堺町

東京・青山の[NARISAWA]で8年修業を積み、パリの三ツ星店でも研鑽を重ねた中塚さん。その日の朝に敦賀で獲れた食材を昼には届けてもらうほど、素材本来の美味しさをダイレクトに伝えている。フレンチを気軽に味わってほしいとアラカルトを中心に、言葉に違わず良心価格で届けてくれる。

map P250-1D ☎ 075・223・0015
京都市中京区姉小路堺町東入ル木之下町299 Coto Glance姉小路通1F
17:00〜23:00 (LO／22:00)　火曜休

bistro Chic

ビストロ シック／紫竹

ポルトガル料理店やビストロで修業した店主・石橋さんの信条は「国産ジビエ×自然栽培野菜」。骨つきで仕入れた美山産の鹿や猪、岩手産のツキノワグマなどを自家熟成し、フレンチの技法を取り入れた料理はクセがなく、目にも麗しいひと皿だ。趣ある一軒家で、山の恵みに陶酔して。

map P263-1B ☎ 075・406・7402
京都市北区紫竹西高縄町10-1
12:00～15:00(LO/14:00)、18:00～22:00(LO/21:00)
※前日までに要予約　不定休

料理はすべてディナーコース4000～1万円の一例　1.美山産自家熟成鹿のロティ　2.ジビエのパテ・アンクルート。鹿、猪、ツキノワグマなどが一つに

フレンチ

街の一軒家で味わう日本生まれのジビエ

anpeiji
アンペイジ／伏見

南フランス地方や一ツ星レストランでの修業を経て、待望の一軒家レストランをオープンした安平次さん。なかでも古典的な技法と斬新さを兼ね備えたジャック・デコレ氏から受けた影響は絶大で、繊細な味わいや色彩、デザインにその精神が受け継がれている。目で舌で存分に堪能して。

料理はすべてコース8100円の一例 1. 華やかな前菜 2. 大和榛原牛のロティ ペイザージュヴィオレット 3. グリオットショコラノワール。巣立ちをイメージ

巨匠の精神を受け継いだ本格フレンチが伏見に

map P269-2A ☎ 075・621・2288
京都市伏見区中島樋ノ上町56
12:00～13:00(LO)、18:00～20:00(LO)
※完全予約制 月・火曜を中心に月8回休

ランチコース2200円の一例。サラダは約30種もの野菜がひと皿に!

店の至るところに宿る
ホスピタリティ精神

DEUX FILLES

ドゥ フィーユ／綾小路堺町

二人の愛娘を意味する店名にあるように、すべてのゲストに目が届く全10席の空間で温かな接客を心掛ける。ランチ2200円〜、ディナー4950円〜という驚きのコスパと、素材の持ち味を存分に活かした、彩り豊かな料理の数々も評判だ。

map P252-1D
☎ 075・757・2722
京都市下京区堺町通綾小路西入ル綾材木町199-2
ソンコア綾材木町1F
12:00〜14:00(LO)
18:00〜21:00(LO)
日曜夜、月曜休

フレンチ

ビーツとハマグリのタルタル。ホワイトアスパラのポワレが好相性

一軒家レストランでは気ままなアラカルトを

レジョン

レジョン／富小路四条

　コース仕立てで提供してきたカジュアルフレンチが、アラカルトで味わえるように。名物のラクレットチーズや鴨肉のコンフィなどのメイン料理も気軽にオーダーできる。フリードリンク90分付きのパーティプランも人気。

季節替わりのテリーヌ972円。旬を閉じ込めて

map P250-3D
☎ 075・708・7073
京都市中京区富小路通四条上ル西大文字町610-3-2
11:30〜14:30(LO/13:30)
18:00〜21:30(LO)
木曜、金曜昼休、他不定休有

日常でもハレの日でも好きな料理を好きな時に

フランス料理とワイン La pleine lune

フランスりょうりとワイン ラ プレーヌ リュヌ／二条高倉

　コースと同じ料理がアラカルトでも味わえる、心強いレストラン。京都ホテルオークラ［ピトレスク］などで修業した西居シェフの確かな腕を感じる料理は、しっかりボリュームがあるのも嬉しい。ランチは2160円〜と値段も良心的。

map P254-3C　☎ 075・251・2570
京都市中京区二条通高倉西入ル松屋町55-1
西本ビル2F
12:00〜13:30(LO)、18:00〜22:00(LO)
水曜休、他月1回不定休有

ランチ4320円の一例。長崎産の甘鯛（＋860円）とモンサンミッシェルのムール貝

朝から晩まで親しめる
フレンチを老若男女へ

BISTROT AUX BONS MORCEAUX

ビストロ オー ボン モルソー／姉小路木屋町

移転を機に、オーナーシェフ・久保さんが思い描いていた朝＆カフェ営業を実現。朝から夜まで、幅広い世代にフレンチの魅力を届けてくれる。夜はリヨン料理のアラカルトが基本。使い勝手の良さに親近感もグッと増す。

map P247-2A
☎ 075・212・8851
京都市中京区姉小路通木屋町西入ル
恵比須町534-18
8:00～10:00、12:00～24:00(LO/23:30)
不定休

スペアリブのロースト ローズマリー風味2160円

フレンチ

シェフの新たな舞台で
自由の利くビストロを

Bistro l'est

ビストロ レスト／東大路仁王門

寺町二条の［ル・コント］を営んだ実力派・萬木シェフが「ここでは好きなことをしたい」と店名新たにリニューアル。以前のコースのみをアラカルトメインに、昼からワインとともに楽しめる気軽なスタイルが評判だ。

map P246-1C
☎ 075・771・8894
京都市左京区東門前町503-4
15:00～22:00(LO/21:00)
月曜休(祝日の場合は翌日)

自家製のシャルキュトリー盛り合わせ（2名）1728円

本格フレンチを気軽にどうぞ

ルインズ

ルインズ／河原町四条

　町家をリノベーションした店内は、坪庭から抜ける風が心地よく開放的。昼飲みできるカフェに、本格料理も気軽に楽しめる魅力がプラスされ、数々の名店で修業した西畑シェフの創意工夫された美しい料理にファンが急増中。

map P249-1A
☎ 075・708・5853
京都市下京区河原町通四条下ル稲荷町319
15:00〜24:00(LO／23:00)
火曜不定休

羊のロースト肉のロースト焼き野菜と3500円〜

路地にぼんやり灯る
控え目な行燈が目印

Bistro LE SINGE

ビストロ ル サンジュ／万寿寺高倉

　カウンターのみの小ぢんまりした隠れ家ビストロ。調理法やボリュームなどのリクエストにも柔軟に応じ、ワインもグラスいっぱいに注いでくれる店主・土屋さんの気前の良さが、隠れた立地ながら根強いファンを多く持つ所以。気負わず扉を開けてみて。

map P252-2C
☎ 075・741・7368
京都市下京区万寿寺通高倉西入ル
万寿寺中之町68
16:00〜翌1:00(LO／24:00)
不定休

パテ・ド・カンパーニュ1728円は圧巻のボリューム

あこがれの移住先で
目指すのは街の食堂

Bistro ootsuka

ビストロ オオツカ／藤森

　東京のレストランで経験を積んだ大塚さんが京都へ移住。「観光客ではなく、地元の人に喜んでほしい」と、京阪・藤森駅近くに開店した。「気取らず、食堂のように使って」と話すが、幅の広い料理がその腕前を物語る。

map P269-1B
☎ 090・4278・0316
京都市伏見区深草西浦町5-38
17:30～22:00(LO)
土・日曜、祝日11:30～14:00(LO)
17:30～22:00(LO)　月・第1火曜休

フレンチ

カンパーニャ産水牛モッツァレラチーズと生ハム 550円

夜遅くまで使える
多彩なビストロ料理

ジュメル29

ジュメルニジュウク／麩屋町綾小路

　国内やフランスの星付きレストランで腕を磨いた村上シェフによる、フレンチアラカルトが楽しめるビストロ。カンヌ仕込みの肉料理を始め、旬の野菜を使った前菜などどれもリーズナブルで、夜遅くまでオープンしている使い勝手のよさも嬉しい。

map P252-1D
☎ 075・371・6029
京都市下京区麩屋町通綾小路下ル
西側塩屋町81-1
18:00～24:00
不定休

真鯖マリネのスモークとポテトサラダ 950円はとろけるような舌触り

4 やっぱり好き！洋食
yosyoku

熟練シェフが奏でる
おもてなしの一皿

コスパの良さでも人気のアンプリュスランチ1814円。アミューズ、サラダ、ライスorパン、コーヒーor紅茶付き

洋食彩酒 アンプリュス
ようしょくさいしゅ アンプリュス／壬生

シェフの有馬さんは、長年[ぎをん萬養軒]で料理長を務めた実力派。「本物の味を気軽に楽しんでほしい」とカジュアルな雰囲気を大切にしながら渾身の一皿を作り出す。イベリコ豚と国産牛を1度＆2度挽き、特製のデミグラスソースで仕上げるハンバーグは感動の味。

[map] P266-1B
☎ 075・468・1987
京都市中京区壬生賀陽御所町64-18 マキシムⅢ1F
11:30〜15:00 (LO／13:30)
18:00〜22:30 (LO／21:00)
水曜休、他不定休有

洋食の人気3大メニューにサラダとごはん付きの晩ごはんセット1500円

洋食

夫婦で営む洋食店が復活
定番の洋食はここで

洋食の店 辰五郎
ようしょくのみせ たつごろう／高辻油小路

惜しまれながらも閉店した名店が復活オープン。毎日食べても飽きない山内シェフの洋食と、奥さんの朗らかな接客が人気だ。ハンバーグ、コロッケ、海老フライの洋食の人気3種が味わえる夜のセットや、「空腹具合に合わせて選べるように」と、ハーフメニューがあるのも嬉しい。

map P253-2A
☎ 075・352・7155

京都市下京区高辻通油小路東入ル永養寺町227
11:30～15:00 (LO／14:30)
17:00～22:00 (LO／20:00)
水曜、第3木曜休

洋食屋 キッチンゴン 六角店

ようしょくや キッチンゴン ろっかくてん／六角高倉

map P250-2C
☎ 075・255・5300
京都市中京区六角通高倉東入ル堀之上町129
11:00～15:00、17:00～21:40(LO)
土・日曜11:00～21:40(LO)
不定休

京都の洋食好きのソウルフード「ピネライス」。西陣に本店を構える老舗の名物は、オフィス街のサラリーマンやOLにも大好評。シンプルなチャーハンにトンカツをのせ、カレーかデミグラスを選べる名物のピネライスが人気。ビーフカツや海老フライなどとのセットでお腹いっぱい味わいたい。

ランチのピネライスセット(B)。ビーフカツ＋海老フライorコロッケのコンビネーション1300円。名物ピネライスを心ゆくまで

三位一体ピネライスは洋食の王道メニューと

> また訪れる人のため
> この味を守るのが使命

洋食

Bランチ(ライス付き)800円。洋食の見本のようなひと皿。甘口のドビソースも懐かしの味

吉長亭

よしちょうてい／西洞院松原

90年以上の歴史を誇る洋食店。三代目の吉川さんは、体調を崩した父から店を継ぎ、以来教わったことを忠実に守り抜いてきた。懐かしいひと皿を目当てに数十年ぶりに店を訪れ、昔と変わらぬ味に感嘆する客も多いそう。受け継がれた伝統をとくと舌で感じたい。

map P253-2A
☎ 075・351・7802

京都市下京区西洞院通松原上ル高辻西洞院町815
11:30～13:30(LO)
17:00～19:00(LO)
日曜、第2・4土曜、祝日休

麒麟亭

きりんてい／大宮七条

近所の大学教授も御用達の、大正時代から続く洋食店。当時から受け継がれるわらじビーフカツは、サシが少なくやわらかいランプの旨み、絶妙な薄さとはがれることのない衣に、熟達した職人技を感じずにはいられない。モダンな香り漂う建物で、大正ロマンの美食を味わおう。

map P266-2B ☎ 075・371・0058
京都市下京区大宮通七条下ル御器屋町70-1
11:30〜14:30(入店/14:00)、17:00〜21:00(入店/20:00)
土・日曜、祝日11:30〜14:15(入店)
※入店時間は目安、売り切れ次第終了　不定休

わらじビーフカツ1600円。ごはん・味噌汁・サラダ付きのセットは2100円

脈々と受け継がれる
熟練の職人技に感動

タンシチュー1780円。やわらかいタンに艶々のドミグラスソースがたっぷり

どっしりとした食べ応え
深みある色艶のタンシチュー

Grill にんじん

グリル にんじん／一乗寺

京都駅近くで創業し、その後、一乗寺に移転。「洋食はソースがメイン」と話す店主が、3日間火を絶やさず煮込んだドミグラスソースを湛えるタンシチューなど、伝統的なレシピで作る本格料理が地元客に親しまれる。店の一角にワインコーナーも設け、ワインとともに楽しむ洋食も提案している。

🗺 P260-2D ☎ 075・711・7210
京都市左京区一乗寺出口町51-2
11:30〜14:00(LO)、17:00〜21:15(LO)
火曜、第3月曜休(祝日の場合は営業)

洋食

子どもに戻れる
大人のお子様ランチ

洋食屋 Cotelette

ようしょくや コートレット／伏見

　「子どもの頃の記憶を思い出して欲しい」と、シェフの黒河内さんが創り出す名物の大人のお子様ランチは、ハンバーグや天使の海老フライ、カニクリームコロッケやヒレカツなど、懐かしい洋食がずらりと並ぶ。

map P269-3B
☎ 075・611・5155
京都市伏見区中油掛町94 プレアデス桃山1F
11:00～15:00(LO)
17:00～22:00(LO／21:00)
木曜休(祝日の場合は営業)

大人のお子様ランチ1380円。定食セット
(ごはん・豚汁・漬け物)300円も一緒に

一等地の中で安らげる
定番の洋食メニューを

洋食 かるみあ

ようしょく かるみあ／祇園

　祇園の中心地にありながら、ロールキャベツやオムライスなどのほっとする洋食メニューに心がほぐれる。夜は一変、ホテルなどで腕をふるったシェフの本格肉料理が揃い、使い勝手の良さが花街での選択肢を増やしてくれる。

map P249-1B
☎ 075・561・5557
京都市東山区大和大路通四条下ル大和町6
11:30～14:30(LO)
18:00～22:00(LO)　火曜休

ヘルシーなロールキャベツ1500円。
鶏と豚のミンチであっさり

ソースは6種類から選べる大人のチキンライス1000円（ランチはサラダ付き）

斬新な一皿に
本格フレンチのエッセンス

RESTAURANT&CAFE SALAO

レストラン&カフェ サラオ／御幸町御池

　前身のフレンチレストランから転向して「普段使いの店を」と開いた洋食店。昼時には7〜8割の客が注文するという「大人のチキンライス」は、鶏モモの肉と皮の間に野菜ピラフを閉じ込めた、インパクトのある一品。

🗺 P250-1D
☎ 075・213・0201
京都市中京区御幸町通御池上ル亀屋町379
コンフォール御幸町御池フェルテ1F
11:30〜16:00(LO／15:00)
17:30〜21:30(LO／20:30)
月曜休(祝日の場合は翌日)

洋食

ごはんがすすむ
老舗米穀店の絶品洋食

キッチンパパ

キッチンパパ／西陣

　1856年創業の老舗米穀店が営む洋食の店。その日に精米した美味しいごはんと、挽きたてのミンチで作るハンバーグや自家製ソースにもこだわった洋食が人気。ごはんは大盛りでも無料。休日には行列ができるので早めの来店を。

🗺 P263-3B
☎ 075・441・4119
京都市上京区姥ヶ西町591
11:00〜14:00(LO)、17:30〜20:50(LO)
木曜休

ごはん、サラダ、味噌汁付きのハンバーグと海老フライ1280円

アットホームな一軒で
魂込めた渾身の一球を

cucina KAMEYAMA

クチーナ カメヤマ／北白川

　名物の神戸牛コロッケは、神戸の精肉店から直接仕入れる肉の旨み、ほくほくのジャガイモと飴色になるまで炒めた淡路産玉ねぎの甘みが凝縮された、まさに珠玉の一品だ。人気急上昇中のイタリアンカツレツもお忘れなきよう。

map P260-2D
☎ 075・275・9609
京都市左京区一乗寺塚本町106 アベニュー77 1F
11:30～15:00（入店／13:30）
17:30～23:30（入店／21:30）
月曜休、水・金曜昼休

サクサクほくほく神戸牛コロッケセット
1100円（昼のみ）。夜は単品で

街中でランチを逃した
腹ペコたちの救世主

洋食屋 キッチン 秀

ようしょくや キッチン ひで／花遊小路

　35年洋食店で腕を磨いたシェフ・小林さんが、2015年に満を持して独立。四条の繁華街にありながら、オーソドックスな美味しさを追求した家庭的な味わいが印象的。通し営業を貫き、ランチタイムを逃した人も温かく迎えてくれるのが嬉しい。

map P247-3A
☎ 075・212・0772
京都市中京区新京極通四条上ル
花遊小路中之町565-10
11:30～21:00（LO）
水曜休

ランチメニューの
秀弁当1400円。エ
ビフライやハンバー
グなどボリューム
満点

手づくりハンバーグの店 とくら 京都三条店

てづくりハンバーグのみせ とくら きょうとさんじょうみせ／三条高倉

溢れ出す肉汁に笑顔もこぼれる

まずは定番のオリジナルハンバーグ
180g756円、300g972円をぜひ

　ふっくらとした俵型のハンバーグ、箸を入れるとそこから溢れ出す肉汁。ハンバーグ好きなら一度は食べてほしいひと皿だ。ソースの種類が多いのも特徴で、オーソドックスなものから、カルボナーラといった珍しいものまで多彩なので何度行っても楽しめる。

map P250-2C
☎ 075・744・0777
京都市中京区三条通高倉東入ル
桝屋町57 京都三条ビル1F
11:00〜15:00、17:00〜22:00(LO/21:30)
土・日曜、祝日11:00〜22:00(LO/21:30)
水曜休

自家製デミのハンバーグ ランチも充実の本格洋食

洋食と葡萄酒のお店 Saffron Saffron

ようしょくとぶどうしゅのおみせ サフラン サフラン／東洞院仏光寺

スープ、ライスが付くランチのデミハンバーグプレートセット990円

　こぢんまりと落ち着いた雰囲気の中で洋食を楽しみたいならこちら。一番人気のハンバーグは、3〜4日掛けて仕込む自家製デミグラスソースとの相性が抜群。フォアグラがのったハンバーグはお値打ちコース3000円で味わって。

map P252-1C
☎ 075・351・3292
京都市下京区東洞院通仏光寺東南角高橋町605
11:30〜15:00(LO/14:00)
17:30〜22:30(LO/21:30、
日曜・祝日はLO/21:00)
火曜休、他不定休有

ハンバーグステーキ1188円。和牛など素材にこだわり抜いた珠玉の一品

海老フライやハンバーグなどメインが交代する日替わりランチ1000円

京都ハンバーグの代名詞
行列の先の感動を求めて

GRILL はせがわ

グリル はせがわ／北大路橋西詰

50余年前に喫茶店として創業し、その後洋食店に。京都の人々を魅了し続ける分厚いハンバーグは、店主が研究を重ねて完成させたオリジナル。ここでしか味わえないフワッと熱々のひと皿を求めて、何度も足を運んでしまう。

map P261-2A
☎ 075・491・8835
京都市北区小山下内河原町68
11:15〜15:00
16:30〜20:45(LO)
月曜、第2・3火曜休(月曜が祝日の場合は翌日)

お昼時は満席必至
客の途切れぬ人気店

グリル葵

グリルあおい／室町松原

ハンバーグには牛スジ肉ベースのドミグラスソースがたっぷりで、フライはオーダーが通ってから生パン粉を纏わせ、揚げ油はこまめに交換する。手間ひまを惜しまず料理と向き合う店主の姿を求め、連日多くの人が訪れる。

map P253-2B
☎ 075・353・6868
京都市下京区室町通松原上ル高辻町607-2 関ビル1F
11:30〜14:00 (LO/13:30)
17:30〜20:30 (LO) 祝日17:00〜
日曜休

ランチはA1080円、B1620円(デザート・飲み物付き)でメインを5種から選べる

秘伝のソースがたっぷりで、サラダやごはんも付いた、るんるんランチ1200円

洋食

昼も夜もリピートしたい
京都の食材で本格洋食

洋食 ヒグチ亭

ようしょく ヒグチてい／東洞院二条

　京都産の肉や野菜などを使った本格洋食を提供するのは、ホテルなどで経験を積んだシェフの樋口さん。京都産和牛のハンバーグや旬の食材をたっぷり使ったキッシュやマリネなど、美味しいものを少しずつ味わえると評判。

map P254-3C
☎ 075・744・6877
京都市中京区東洞院通二条下ル瓦之町373
メイゾン東洞院1F
11:30〜15:00(LO／14:00)
17:00〜22:30(LO／21:00)
火曜休(祝日の場合は翌日)

常連客も愛する
ボリュームランチ

トマトさん

トマトさん／七条壬生

　夫婦二人三脚で営む気さくな洋食店。国産和牛100％のハンバーグは、やわらかくてジューシー。2人以上なら、ハンバーグと唐揚げがセットの「らんらんランチ」を注文してシェアするのもおすすめ。

map P266-2B
☎ 075・351・4341
京都市下京区二人司町2
11:30〜14:00
17:00〜20:00
火曜休、他不定休有

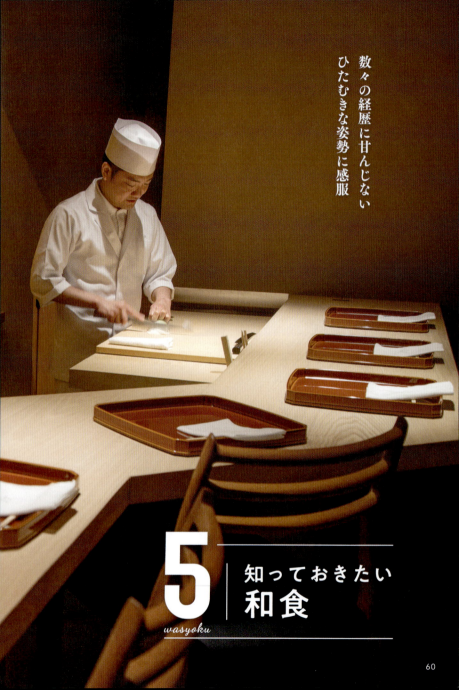

数々の経歴に甘んじない
ひたむきな姿勢に感服

5 | 知っておきたい 和食

wasyoku

杦
せん／柳馬場五条

[和久傳]で7年修業を積み、[祇園ろはん]では料理長。その後イギリスでプライベートシェフを務めた店主・杉澤さん。大原の天然水でダシを仕込むなど、美食を追求するのは当たり前。おもてなしにも心を配り、目の前でライブ感を演出し、お客を楽しませる工夫も欠かさない。

map P252-3D
☎ 075・361・8873
京都市下京区五条通
柳馬場上ル塩竈町379
17:30～22:00（入店）
水曜不定休

料理はすべて1万3000円のコースの一例
1. クエ、淡路の鱧の焼き霜は、甘みを引き立てる能登の塩で 2. 夏小かぶら、やわらかな丹後の黒アワビの椀 3. 丹波牛の割り下は鰹とマグロ節のダシなどをベースに仕立てたもの

和食

和やかなカウンターで背筋よりも羽を伸ばしに

イチジクのコンポートと赤ワインのジュレに、自家製シャーベットをのせて

万願寺とうがらしのムースに焼き茄子、ウニ、ミョウガなど季節の味を凝縮

料理はすべて夜のコース8640円の一例。新じゅんさいが浮かぶ、葛打ちされた鱧は夏の一品

押小路 岡田
おしこうじ おかだ／押小路高倉

「一日の疲れを癒していただけるような場所になれば」と話す店主の岡田さんは[祇園なん波]で11年修業し、穏やかな空気の流れる御所南で独立。毎朝市場へ出向き、和菓子の餡に至るまで手作りするその誠実さがゲストの心に沁みわたり、和みのひと時を与えてくれる。

map P250-1C
☎ 075・254・8870

京都市中京区押小路通
高倉東入ル竹屋町145
12:00〜13:30(LO)
17:30〜21:00(LO)　不定休

10品で完結する
ひとつの物語を味わいに

鱧とズイキが入ったトウモロコシのすり流し仕立て。ダシが香る深い味わい

京丹波黒鶏の炭火焼き。唐辛子と海老のすり身で朝顔のつぼみをイメージ

料理はすべて夜のおまかせ会席1万1000円の一例。色とりどりの八寸は目を見張る美しさ

弥さしさ大島

やさしさおおしま／西洞院蛸薬師

[京料理 はり清]で10年、東山の旅館で6年料理長を務めた大島さん。その名の通りやさしい味と評される料理は、五味をバランスよく配したおまかせ会席のみ。全員と向き合える8席のみのカウンターで、渾身の10品で勝負する大島さんの潔い珠玉の料理を五感を研ぎ澄まして味わいたい。

map P251-3A
☎ 075・223・0066
京都市中京区西洞院通
蛸薬師下ル古西町431
18:00～23:00（入店／21:00）
※前日までに要予約
水曜休

すっぽんスープといただく美山地鶏。
土瓶ではなく「銅」瓶で提供

料理はすべて夜のコース1万6200円の一例。北海道産塩水ウニ、カマトロ、長崎産剣先イカのキャビア添えなど寿司は全10貫が登場

路地奥で迎える
二人の料理人の共演

路地中ノ
ろじなかノ／宮川町

京都ホテルオークラの[入舟]で同僚だった寿司職人の中野さんと料理担当の塔本さんが、宮川町の路地に構えた和食店。お客の顔を見てから飯釜を火にかけるというシャリを極上のネタとともに味わう握り、黄金色に輝くすっぽんスープなど、二人の料理人の味を一度に楽しむ時間は格別。

map P249-2B
☎ 075・525・7557
京都市東山区宮川町筋
松原上ル宮川筋5-325-1
11:30〜14:30 (LO／13:30)
17:30〜21:00 (LO)
月曜休

料理はすべて夜の懐石コース1万6200円の一例
1. 伊勢海老の白味噌仕立て。原木椎茸と竹の子を添えて 2. 千葉県産の大はまぐりと自家製ごま豆腐 3. 対馬産白甘鯛を昆布〆にした向付

数々の名店で育んだ総合力の高さに脱帽

綾小路 唐津
あやのこうじ からつ／綾小路新町

明治44年築の町家を新たなステージに、[京都吉兆]をはじめ名店で研鑽を積んだ唐津さんがその腕前を披露。炭で火を入れる焼物、真鍮の羽釜で炊き上げるごはんなど、視覚、嗅覚、聴覚をも刺激するパフォーマンスはさすが。美味しい瞬間を最高まで高め、五感で楽しませてくれる。

map P253-1B
☎ 075・365・2227
京都市下京区綾小路通
新町西入ル矢田町113-1
11:30〜14:00
17:00〜22:00 ※夜は要予約
日曜休、他不定休有

1. 鯛めし御膳2160円。玉手箱のように蓋を開けると、真鯛とこだわり卵が出現 2. 玉手箱の中身をごはんにのせると贅沢な卵かけごはんの出来上がり 3. 鯛そば1026円。真鯛が入ったあっさり塩ラーメン。途中でワサビを入れて味を変えて食す

map P263-2A
☎ 075・204・3950
京都市北区衣笠馬場町30
10:00〜17:00（鯛が無くなり次第終了）
※営業時間は今後変更になる場合有
火曜休

鯛めし 槇
たいめしまき／金閣寺

鯛刺と卵、出汁が絡む究極の卵かけごはんを

金閣寺の前に店を構えるこちらの看板メニューは鯛めし。真鯛のお刺身を自家製の出汁醤油に漬け込んでアツアツごはんの上にかけて食す。これだけで十分に美味しい上に、卵を投入すると究極の卵かけごはんに。お好みでワサビをプラスして味の変化を楽しんで。

1. お造り盛り合わせ5種1500円。種類は日によりさまざま
2. 土鍋の炊き込みごはん1合1300円。地鶏や鯛など3種
3. 炭火で鱧の旨みを引き出す。淡路島産鱧の炭火焼き1800円

たてや

たてや／西洞院松原

　御所南の［佳久］などで修業を積んだ店主・立石さん。旬の素材を活かした一品はどれもリーズナブルで、ふらりと訪れたくなる気軽さが地元の人に親しまれている。〆には30分かけて炊き上げる土鍋ごはんをぜひ。

地元客に間口を広げ
本格料理でお出迎え

map P253-2A
☎ 075・361・1888
京都市下京区天神前町336-2
11:30〜13:30
17:30〜23:00(LO／22:30)
日曜休

和食

ジューシーで巨大なハマグリの天ぷら1200円

熱々の鉄板で供される雲子のステーキ1300円。内容は季節替わり

富小路 よしまさ

とみのこうじ よしまさ／富小路御池

　和食の料理人として20年のキャリアを持ち、錦市場の鮮魚店に勤めた経験もある店主藤吉さん。信頼のおける業者から仕入れる能登や伊勢志摩などの魚介を使った料理を披露し、通好みの日本酒も多数ラインナップ。

魚介料理ならお任せあれ
経験が光る酒肴の数々

map P250-1D
☎ 075・241・0006
京都市中京区富小路通御池上ル橘町631-3
17:00〜翌1:00　日曜休

職人の目利きが光る
錦市場の新鋭江戸前鮨

THEME
お寿司

夜のコース8000円〜の一例。大トロや車海老など握り8貫に、造りや季節の一品、汁物などが付く全13品

錦 鮨しん

にしき すししん／錦柳馬場

京の台所・錦市場の中央にあり、「鮨」の暖簾を掲げる江戸前鮨の店。職人の確かな目利きで京都市中央市場から仕入れた旬の魚介に、厳選されたシャリを合わせると、口の中でほどけるよう。昼は握り10貫に赤だしが付くランチセット1800円〜。夜は多彩な酒と合わせて至福のひとときを。

map P250-3D　☎ 075・223・3355
京都市中京区錦小路通柳馬場東入ル東魚屋町169-2
11:00〜15:00(LO／14:30)、17:00〜21:30(LO／21:00)　不定休

本格江戸前鮨を特等席で味わう

コース1万2960円の一例。赤海老やトロ、穴子の白煮など、鮨10貫程度にお造りや赤出汁、蓮根まんじゅう、デザートが付く

夷川 鮨 すずか

えびすがわ すし すずか／夷川柳馬場

銅板の扉を開くと、凛としたモダンな空間が出迎えてくれる。そこでは、落ち着いた全8席の特等席で江戸前鮨が堪能できる。東京の築地で腕に磨きをかけた店主自慢のコハダや穴子の白煮、口の中でふわりとほどける赤酢仕込みのシャリにはその道の玄人も思わず唸るほど。

map P254-3C ☎ 075・251・0111
京都市中京区夷川通柳馬場東入ル俵屋町305 FORUM夷川1F
17:00〜22:00（入店／20:30）　不定休
card

ひと口目から息つく間もない驚きの連続

夜のおまかせ2万1600円〜の一例。大間の本マグロ、キャビアを添えた白エビ、昆布〆の鯛など18貫以上が登場

祇園 鮨 忠保
ぎおん すし ただやす／祇園

鮨職人として20年以上のキャリアを持つ店主の森田さん。ほぼ9割の魚介を東京から仕入れ、赤身や白身などは1週間ほど寝かせて使う。神殿のような精緻な彫刻が施された総欅造りの空間で、次々に繰り出される洗練された江戸前鮨を堪能する時は極上の幸せ。ぜひ一度体験したい。

map P249-1B　☎ 075・541・6611
京都市東山区祇園町南側572-9
12:00〜14:00（入店／13:00）、18:00〜21:00（入店）　不定休

多彩なネタの表情と圧巻の品数に驚愕!

和食

夜のおまかせ1万円〜の一例。香ばしく炙った金目鯛や2種をミックスしたクリーミーなウニなど10〜15貫にアテが12品

鮨 かわの

すし かわの／下鴨

ネタとの一体感とバランスにこだわった江戸前鮨は、ヒノヒカリを赤酢で仕込んださっぱりとしたシャリを使用。炙りや燻しなど、ひと手間を加えたネタで多彩な握りを展開する。コースに登場する焼き物や煮物などの一品にも、和食店を10年営んだ店主の手腕が発揮されている。

map P261-1B　☎ 075・701・4867
京都市左京区下鴨東半木町72-8
12:00〜14:00、17:30〜22:00　月曜、火曜昼休

寿司 深川龍丈

すし ふかがわりゅうじ／寺町夷川

ダシで炊いたシャリに、ひと手間加えて旨みを引き出したネタ。着物姿の店主・深川さんが精魂込めて握る本格派の江戸前寿司は絶品尽くし。素材はもちろん、氷で冷やす昔ながらの冷蔵庫にシャリのお櫃を入れた天然わらいずみなど、道具や家具まで深川さんのこだわりが貫かれている。

map P254-3D ☎ 075・211・0238
京都市中京区松本町576-2 ルレーブ寺町夷川
12:00〜15:00、16:00〜21:00　不定休

おまかせ10貫、夜7560円〜の一例。湯引きした鯛に赤蕪をのせたものや、穴子など一つひとつ丁寧に握られる

やさしい気持ちになれる至福のカウンター握り

鮨 やまざき

すし やまざき／押小路御幸町

銀座の名店［寿し屋の勘八］で修業し、恵比寿に店を持った山崎さんが、常連客に口説かれついに京都へ。ネタは馴染みの東京から仕入れる一方、錦市場の食材も用いて江戸前鮨を披露する。フラットなカウンターで踊るように握るベテランの手元を見るのも一興。本場の腕前を目で舌で楽しんで。

map P250-1D ☎ 075・251・7020
京都市中京区押小路通御幸町西入ル橘町604
17:30〜22:00　月曜休

コースは昼・夜ともにおまかせ1万2300円〜の一例。握り10貫ほどに小鉢など

和食

江戸から直輸入の技を京都の真ん中で存分に

THEME

和食ランチ

白川橋のほとりでいただく丹後の恵み

丹 tan
たん／三条白川

　自然豊かな丹後で丹精込めて育てた野菜や自家製米を、朝、昼、夜と、定食としていただくこちら。一枚板のテーブルに、たっぷり盛られた大皿料理を並べ、隣り合ったお客と一緒に取り分けるスタイルは、まるでお家で食事をするかのような温かさが伝わってくる。季節の定食昼3000円〜。夜は貸切のみ。

和食

  P246-2D
  075・533・7744

京都市東山区五軒町106-13
三条通白川橋下ル東側
8:00〜、9:00〜（2部制）
12:00〜14:30（LO／14:00）
18:00〜22:00（LO／21:30）
※夜は貸切のみ
月曜休（祝日の場合は翌日）

昼3000円〜の一例。大皿の野菜は自家製味噌かイタリアの岩塩で。野菜本来の味わいを存分に楽しめる

寺町 西むら

てらまち にしむら／寺町二条

老舗料亭や割烹で長年経験を積んだ店主が本格和食でもてなす一軒。地野菜や京都北部の魚介、珍しい食材などを丁寧に仕上げる。昼に数量限定で用意するお弁当は自家製胡麻豆腐や具材たっぷりの茶碗蒸しが味わい深い。

map P254-3D ☎ 075・254・8154
京都市中京区寺町通二条下ル榎木町98-9 アンリービル1F
11:30～14:00(LO/13:30)、17:00～22:00(LO/20:30)
不定休

地元の食材による
本格和食を気軽に

お昼の二重弁当 1728円 ※20食限定

○ 贅沢なお造り膳 1050円

割烹ならではの味を街中で気軽に楽しんで

割烹 凪

かっぽう なぎ／錦烏丸

　板前歴40年以上の主人が手掛ける日本料理。その味とボリューム、コスパの良さが評判でお昼時には界隈のビジネスマンや女性客がたくさん訪れるほど。丁寧に目利きして仕入れる本格和食を堪能するならぜひ。

map P251-3B
☎ 075・213・0369
京都市中京区錦小路通烏丸西入ル占出山町315-1 オノビルディング1F
11:30〜14:00、17:00〜22:00
日曜、祝日不定休

高級ゆばを味わい尽くす
お得なランチ

● ランチ2160円

和食・ゆば料理 東山ゆう豆

わしょく・ゆばりょうり ひがしやまゆうず／祇園

　無添加のゆばを製造販売している［ゆう豆］が営む料理店。「ゆばを中心にしつつ、美山の食材と旬の食材を取り入れた料理」をコンセプトに、汲み上げゆばを何層にも重ねたゆばかさねなどが旬の料理とともに味わえる。

map P248-1C
☎ 075・532・1019
京都市東山区祇園町南側570-218
11:00〜15:00（LO／14:00）
17:30〜21:30（LO／20:30）
木曜休、他不定休有

6 tachinomi | 止まらない立ち飲みブーム！

スペイン気分

小粋で陽気な
スパニッシュ立ち飲み

じっくり煮込んだもち豚赤ワイン煮込み650円

ぷりぷりな海老の
レモンクリームパスタ780円

BAR Gaudi

バル ガウディ／五条室町

　木屋町裏通りの人気立ち飲み店[わたなべ横丁]の2号店。陽気で楽しいスペインのバルをイメージした空間で、20種類近い日替わりタパスをはじめ、季節で替わる4種ほどの具材にトマトやクリームなど約5種のソースも選べるパスタや、ガッツリ食事系も味わえる。ソファ席（1人100円）もお試しあれ。

map P253-3B
☎ 075・708・3496
京都市下京区坂東屋町283 シゲトシビル1F
17:00～23:30
土・日曜、祝日15:00～23:30
（フードLO／23:00、ドリンクLO／23:20）　月曜休

冷たいおでん？

トマト350円やトリッパ350円などの盛り合わせ

マスカルポーネジャムをかけたマスカルマーマ 350円

立ち呑み トレセン

たちのみ トレセン／木屋町四条

　男性3人で切り盛りする立ち飲み屋。トレセンとはイタリア語で300という意味で、常時15種類あるグラスワインが300円からという良心的なプライス。名物の和だしをベースにトマトやハーブを加えた洋風おでんは冷製も試してみたい。

map P247-3A　無

京都市中京区紙屋町367-2 たかせ会館2F
18:00〜翌2:00（フードLO／翌1:00）
不定休

ワインと洋風おでんの美味しいマリアージュ

スマイルが似合うハッピーな黄色いバー

HAPPY STAND KYOTO

ハッピー スタンド キョウト／先斗町三条

1. サクッほくほくのフライドポテト380円は自家製ケチャップで 2. 京玉子のピンチョス380円、イチゴ酎ハイ580円

アッツ熱!!

map P247・2A
☎ 075・744・0729
京都市中京区先斗町通最北端石屋町126
12:00〜翌1:00
(LO／24:30)
無休

京都の酒場シーンにこの人ありのバッキーさんがプロデュースした、イエローの明るい色彩が目立つ、ハッピームードのスタンドバー。京滋の日本酒や酎ハイを揃え、生ビールが380円、クラフトビールもグラス280円という大盤振る舞い。自然に人との交流が生まれるフレンドリーな店内で乾杯。

Hachi Record Shop & Bar

ハチ レコード ショップ & バー／河原町五条

　ステンドグラスが埋め込まれたレトロな建物は、まさに隠れ家。壁のスピーカーから流れる音をつまみに、国内外のクラフトビールと8種の日本酒で大人な時間を堪能できる。気に入った音源は2Fに併設されたレコードショップで購入可。

map P252-3D
☎ 075・746・7694
京都市下京区平居町191・2F
14:00〜23:00
不定休

1. 京都醸造はじめ国内外のクラフトビール800円〜
2. お酒と音楽に合うおつまみはその日のお楽しみ

日本酒もたっぷり！

京酒場 涛〃

きょうさかば とうとう／七条烏丸

　気さくな女将が明るく迎えてくれる立ち飲み処。10種揃った京都の地酒をグラスに半合（90ml）450円から気前よく溢れさせてくれる。カウンターの、大鉢に盛った女将の愛情たっぷりの手作りおばんざいが楽しみ。

map P257-1B
☎ 075・354・9115
京都市下京区七条通烏丸北東角桜木町99
ブーケガルニ1F
17:00〜23:00　土・日曜15:00〜
月曜休

京の地酒と明るい女将！
おばんざいに舌鼓

じっくり時間をかけて作られた
牛すじ煮込み
390円

お酒がすすむ人気の枝豆ガーリック
250円とポテサラ
390円

リピーター多し！

元気な女性店主が営む
コスパ抜群の立ち飲み

BOND

ボンド／千本上長者町

人気立ち飲み店でオープン時から働いていた店主・依子さんが、娘の三人姉妹と一緒に切り盛りする、アットホームな立ち飲み屋。京都市中央市場から仕入れる自慢の鮮魚や大ボリュームの唐揚げなどを驚きの良心価格で味わえる。1ヶ月のうち2週間は限定の地酒が半額になるのも見逃せない。

map P264-2B
☎ 090・6238・4068
京都市上京区千本通上長者町下ル
革堂前之町117-2
10:00〜22:00（フードLO／21:30、ドリンクLO／21:45）
日曜休

どどーん

1. お客さんのひと言で命名されたかきあげタワー250円　2. お造り三種盛490円、獺祭500円は破格の値段！　3. 元祖よりこの唐揚げ200円。マヨネーズをたっぷりつけて

入荷次第で質の良いステーキなどの牛肉料理も

3店舗目は寄り道しやすい街中に登場

🗺 P247-3A
☎ 075・746・2720
京都市下京区四条通小橋西入ル真町455-5 セザンヌビル1F
15:00〜翌2:00　日曜、祝日12:00〜23:00　不定休

立ち呑み ココロ

たちのみ ココロ／四条木屋町

　木屋町［もみじ］、京都駅前［とさか］に続く3店舗目。漁港直送の鮮魚造りをはじめ、メニューはほぼ日替わりでしかも格安。夕方限定のチョイ飲みセットや突然のイベント企画など、通りがかりには要チェックしたい。

立ち呑み あてや

たちのみ あてや／千本今出川

　元気な女性店主愛里さんが営む、木の温もりを感じるシンプルだけどホッとする店。ハイボール4杯分が入ったやかんや、ラー油で仕上げるアボガドなど、店主が食べたい・飲みたいものを用意。女性一人でも気軽にどうぞ。

1. ピリ辛のアボガド塩こんぶ300円　2. 卵3個分のだしまき300円。やかんハイボール980円

女性店主の笑顔に和む温もりあるスタンド店

🗺 P263-3B
☎ 075・354・6215
京都市上京区般舟院前町125-2
17:00〜24:00 (LO／23:30)
月曜休

立ち呑みバル ORCA

たちのみバル オルカ／仏光寺堺町

人気ビストロの立ち飲みスタイル

立ち飲みスタイルが人気のビストロバル。美味しい料理をリーズナブルにと約20種の小皿料理や日替わりメニューが200円〜という価格が嬉しい限り。もちろんしっかりごはんメニューも用意。

map P252-1D　☎ 075・353・5223
京都市下京区仏光寺通堺町東入ル東前町405
15:00〜24:00(LO/23:00)　火曜休

本日のカルパッチョ400円〜、アンチョビ枝豆300円などリーズナブルで豊富なメニューが揃う

Standing Bar icoi

スタンディングバー イコイ／円町

山陰線の待ち時間に一杯　ドアtoドアの駅近オアシス

タピオカたっぷり

円町駅の改札から徒歩数十秒の立ち飲み店。ハイボール300円、フードは100円からほとんど350円までと、軽く飲んで食べても1000円でお釣りが来る破格のメニューが目白押し。タピオカジュースの種類も豊富。

map P264-2A　☎ 075・464・2322
京都市中京区西ノ京西円町6-4
14:00〜23:00
土・日曜、祝日11:00〜23:00
(フードLO/22:30、ドリンクLO/22:45)
火曜休

1.酒のおともに一番人気の名古屋風手羽先2本300円
2.1日10食限定ハンバーグ350円。デミグラスソースまで丁寧に手作り

> ハイレベルな旬の魚で
> まずは一献

立ち呑み 魚酒うどん マルキ

たちのみ さかなさけうどん マルキ／四条大宮

店主・北原さんが元魚屋だったという経歴を聞けば、魚のクオリティと豊富さに納得！ 季節のお造り、手作りコロッケや豚ホルモンなど外せないアテを平らげた後は、名物のカレーうどんをお忘れなく！

口の中の温度で脂がとける、中トロの切り落とし450円

飲んだ後の締めにいかが？

昆布だしにガラムマサラの香りをプラスしたきつねカレーうどん500円

map P266-1B
☎ 080・5356・4103
京都市中京区七軒町470-32 新宿会館2F
17:00〜24:00
火曜18:00〜24:00
日曜13:00〜22:00　月曜休

奥村酒店

おくむらさけてん／七条千本

ショップが並ぶレトロビル・KYOCA 2Fの角打ちスペースで、鹿児島焼酎を愛してやまない店主・奥村さんが営む週末限定の酒屋バー。オリジナルカクテルやハイボールも用意し、ビギナーにも焼酎の魅力を発信。

map P266-2B　☎ 075・746・7882
京都市下京区朱雀正会町1-1
KYOCA Food Laboratory 2F 206
月・火曜11:00〜19:00（販売のみ）
金〜日曜11:00〜21:00（LO／20:30）
（販売＆角打ち）
水・木曜休

ひとくち黒豚みそピザ500円、豆腐入りさつま揚げ400円

> 週末限定の酒屋バーで
> 焼酎の世界へ魅了

立ち飲み

柳小路TAKA

やなぎこうじタカ／裏寺町

> 自由気ままに酒好きも
> 食いしん坊も集まれ

世界展開している［NOBU］のミラノ店で活躍してきたシェフのTAKAさんが故郷の京都へカムバック。イタリアンと京料理を融合させた、型にはまらない美味しさを立ち呑みスタイルで提供してくれる。「金亀」などの種類豊富な日本酒と一緒にどうぞ。

map P247-3A
☎ 075・708・5791
京都市中京区中之町577 柳小路はちべえ長屋
13:00〜22:30(LO)
火曜休

1. 身が引きしまった、関サバの一夜干し864円
2. 日本酒7種テイスティング1296円

すいば 蛸薬師室町店

すいば たこやくしむろまちてん／蛸薬師町

京都に"カジュアルな立ち飲み"の市民権を確立させた六角富小路店、四条河原町店に続く3号店。女性1人でも入りやすいスタイリッシュな雰囲気で、生ビールや日本酒に加え、ワインやシャンパンも仲間入り。

map P251-2B
☎ 075・221・7022
京都市中京区蛸薬師通室町西入ル
姥柳町190-1
17:00〜24:00(LO／23:30)
土・日曜、祝日15:00〜
火曜休

> 1人飲みにも嬉しい
> スタイリッシュな立ち飲み

マグロカルパッチョわさびマヨソース450円。鮮度抜群のマグロに自家製ソースを

完熟宮崎マンゴーを贅沢に
使用した酎ハイ1300円

生搾りサワーの誘惑
ちょい飲みスタンド

SOUR

サワー／裏寺町四条

　焼き鳥店［ソリレス］で好評だったフレッシュフルーツを贅沢に使ったサワーが専門店に。京都市中央市場から仕入れた旬のフルーツや山椒、ハーブを使ったオリジナルの味もユニーク。テイクアウトもOK！

map P247-3A　☎ 075・231・0778
京都市中京区裏寺町通四条上ル裏寺町607-19
ヴァントワビル1F
15:00～24:00(LO／23:45)　不定休

立ち飲み

一挙両得！本好きの為の
"飲める本屋"

レボリューションブックス

レボリューションブックス／西木屋町

　本もお酒も愛する店主がひらめいた、その名も"飲める本屋"。食の本に囲まれた空間は夕暮れどきから立ち飲みがスタート。壁にずらりと貼られた100種類もの酒の肴をつまみながら、本にもお酒にも癒されよう。

map P249-1A
☎ 075・341・7331
京都市下京区西木屋町通四条下ル船頭町235
集まりC号
13:00～23:00
月曜休、月1回火曜不定休有

お酒との相性よし、クジラ
赤身刺身450円

京都真夜中案内

ごきげんに仲間と美味しいごはんを食べた後は
さらなる夜の街へと繰り出したい。
提灯が灯された路地を歩くと、
昼間とは違う、夜しか見られない景色。
あと一軒。いや、もう一軒。
何だか帰りたくなくて、
ついつい暖簾をくぐってまた違う店へ。

京都真夜中案内 ①

あと一軒！立ち寄りたい店

美味しいごはんを食べた帰り道、お腹はいっぱいだけど、まだ帰りたくない…。あと1軒だけ、あの店のあのメニューが食べたい。あの店のあの人に会いたい…。そんなあなたに教えたいとっておきの店はこちら。

夜のスペシャルデザート とろける

未完 Assiette Dessert
みかん アシェット デセール／御幸町夷川

すべてコース2700円より。季節を表す
メインデザートや焼き菓子など全6皿

五感を研ぎ澄まして
甘美なデザートを堪能

　温度、食感、香り、そして噛みしめる音まで計算されたアシェットデセールが秀逸。目の前で完成されるデザートを最高の状態で味わえる、期待と感動が入り混じる6皿とワインを心ゆくまで味わって。

map P254-3C ☎ 050・1106・5646

京都市中京区御幸町通夷川上ル松本町583-1
フォルム御幸町1F
1部12:00〜　2部13:30〜　3部15:00〜
19:00〜22:00(LO)
不定休

京都真夜中案内

カフェにもバーにも
使えるのが嬉しい

🌙 Rhône
ローヌ／三条猪熊

どんなシーンも選ばない
お酒が飲める喫茶店

「お酒が飲める喫茶店」がコンセプトとあり、ナポリタンなどの喫茶店の王道メニューはもちろん、パテやラタトゥイユなどワインのアテも豊富にラインナップ。ワイン通の店主に好みを伝えて、お気に入りの一杯を見つけて。

ナポリタン900円、マッシュルームのサラダ1000円

map P264-3B
☎ 075・821・2310
京都市中京区三条猪熊町645-1
15:00〜24:00(LO)
木曜休、月1回水曜休

 card

濃いキャラメルが
堪らない自家製プリン500円

🌙 壬生モクレン
みぶモクレン／壬生

帰りたくない！
あと1杯飲ませて！

昼も夜も通いたくなる
心地よいレトロ空間

西新道錦会商店街にある古民家をリノベーションしたカフェバー。木屋町［きゃばぁ］から独立した店主のまり絵さんが作る、看板メニューのたまごサンドをはじめ、小皿の一品や手作り餃子も人気。お酒も豊富に揃い、明日の元気をチャージして。

map P266-1A ☎ 090・2039・4774
京都市中京区壬生下溝町60-15
11:00〜15:00(LO／14:30)
17:00〜23:00(LO／22:30) 日・月曜休

ゆで鶏の紹興酒漬け432円、自家製甘夏ビネガーシロップのチューハイ756円

ふわふわ卵が魅力、特製たまごサンド540円

京都のお母さんのごはん!

今日の夜めし1200円。定食は売り切れ次第終了

夜めしや きみ
よるめしや きみ／河原町仏光寺

飲んだ後に恋しくなる
雑居ビルの隠れ家定食

　繁華街のビルの2Fの、知る人ぞ知る隠れ居酒屋。お目当てにするのは、〆にふさわしい「今日の夜めし」。一汁三菜のバランスがとれた定食に、一日の疲れもほぐれてほっと一息がつけそう。

map P249-1A　☎ 075・741・7889
京都市下京区市之町253-1 河原町会館201
18:00～23:00 (LO／22:30)
日・月曜休

大好きすぎる！やっぱりおばんざい！

ふらり立ち寄って
おばんざいとお酒を

　高瀬川沿いのこちらはおばんざいが人気の［旬菜いまり］の姉妹店。約6種の季節のおばんざいや肉汁溢れるハンバーグなどが評判。味は本格的ながら、女性一人でも入れるカジュアルな雰囲気で寛げる。

おばんざいと純洋食 アイサニ
おばんざいとじゅんようしょく アイサニ／西木屋町

おばんざい盛り合わせ734円。和風おろしハンバーグ1058円

map P249-1A　☎ 075・744・1610
京都市下京区西木屋町通綾小路上ル市之町260-2
18:00～24:00 (LO／23:00)
火曜休
card

京都真夜中案内

翌5時までオーダー
可能な漁師めし
1080円

深夜めし 雑小屋
しんやめし ざこや／木屋町蛸薬師

隠れ家で
溢れる海鮮丼!!!

**今夜の〆のごはんは
真夜中の隠れ家酒場で**

漁港直送の鮮魚や漁師めしで人気の［漁師めし 雑魚や］の姉妹店では、こぢんまりした空間でお造りや季節ものの小鉢といった酒肴や地酒が堪能できる。お腹が減った時には、日替わり定食や丼などをぜひ。

map P247-3A ☎ 075・223・3358
京都市中京区木屋町通四条上ル2丁目下樵木町202-1
東木屋町ビル1F A号室
20:00頃〜翌6:00 (LO／翌5:00) 月曜休

おいしい野菜と
ワイン♡

山椒のテリーヌ
864円

一汁三菜とサラダ1296円。
野菜の味や食感などを丸
ごと楽しんで

バイタルサイン
バイタルサイン／西木屋町四条

**ワインを楽しみながら
野菜の美味しさ再発見**

農家直送の旬の野菜を使った料理が評判。おすすめはフレンチにヒントを得たというアミューズ、スープ、サラダからなる「一汁三菜とサラダ」。選りすぐりのワインと合わせて、野菜の旨みを存分に味わいたい。

map P249-1A
☎ 075・744・6018
京都市下京区西木屋町通四条下ル船頭町235
18:00〜24:00 火曜休、月1回不定休

京都真夜中案内 ② 教えたくない秘密のBAR

ゆっくりと過ごせる自分だけのとっておきのバー。街中にあるけれども、ここだけは別世界。仕事に疲れたとき、騒がしい飲み会の帰りに、そっと一杯で心を落ち着けてくれるかも。

CINEMATIK SALOON
シネマチック サルーン／河原町三条

お酒と音楽に身をゆだねて
ゆったり心地いい時間を

　コの字型の重厚なカウンターが鎮座する店内に、アナログレコードの音色が響く大人の空間。18年秋にはカウンター内のインテリアを一新。やわらかくヌケ感のある空間になり、女性やバー初心者もより過ごしやすい雰囲気に。

たどり着いた先には落ちつく音楽と映画

なめらかで香り高い高級ラムロンサカパ1080円。テリーヌ760円など

map P247-1A
☎ 075・251・0995
京都市中京区河原町通三条上ル下丸屋町410
ユニティー河原町ビル7F
17:00〜翌1:00 (LO／24:30)
土・日曜、祝日15:00〜翌1:00 (LO／24:30)
不定休
チャージ無
card

扉を開いたら別世界！

BEE'S KNEES
ビーズ ニーズ／木屋町四条

非日常感が濃厚に漂う街中の隠れ家バー

アメリカの禁酒時代の潜り酒場がコンセプト。「THE BOOK STORE」と書かれた黄色い扉を開くと、突如としてN.Y.スタイルの空間が現れる。バーテンダーの有吉さんが作るオリジナルの驚きのあるカクテルをぜひ。

 P247-3A
☎ 075・585・5595
京都市中京区木屋町通四条上ル紙屋町364 マツヤビル1F
18:00～翌1:00
日曜休
チャージ無
card

スモークの中から現れるスモークドモヒートナンバーワン1500円

女性1人でも行きやすい

komorebino natural wine bar
コモレビーノ ナチュラル ワイン バー／花見小路

不思議な味わいをもつナチュラルワインの虜に

世界各地のナチュラルワイン約200種を扱うワインバー。月明かりが差し込む神秘的なムードに包まれながら、酸味が強いものや微発泡しているものなど個性豊かなワインを楽しんで。

皮ごと発酵させた白ワイン、RADIKON グラス1650円（サ込）など

 P247-3B ☎ 075・531・9511
京都市東山区八坂新地富永町123 花見会館1F
18:00～翌2:00 不定休
チャージ1人500円、サービス料10%
card

溢れる肉汁が
堪らない肉

7
niku

キャッチーな店名は
店の二大名物の一つ

肉洋食 オオタケ

にくようしょく オオタケ／二条川端

幼少時代からハンバーグをこよなく愛している店主・大竹さん。和食やフレンチ、精肉店などでの修業を経てオープンしたのは、ハンバーグありきの洋食店。肉質と人柄に惚れたという段戸山高原牛と愛知県産田原ポークを使用し、つなぎ一切なし。どこまでも直球な肉の旨みに、店主の並々ならぬ愛を感じる。

map P259-3A
☎ 075・708・6085
京都市左京区二条通川端東入ル新先斗町120-2
11:30〜14:00 (LO/13:30)
17:00〜22:00 (LO/21:00)
木曜休、月1回水曜休

ふうびとすうろ

ふうびとすうろ／綾小路富小路

焼き肉の名店［益市］がプロデュース。店名に冠した「ローストビーフ」と「ステーキ」が二大看板メニュー。日替わりステーキ（100g）1780円ではカイノミやイチボなどの希少部位も日替わりで登場する。トリッパのトマト煮込みや極薄サーロインを巻いた炙り寿司など創作料理も充実。

map P252-1D
☎ 075・741・8989
京都市下京区綾小路通富小路東入ル塩屋町68
17:00〜24:00（LO／23:00）
不定休
card

モモ肉の中でもヘレに匹敵するやわらかさを持つ部位を使用

肉

店主のハンバーグ愛が肉汁とともに溢れ出す

店主大好きあらびきハンバーグ（150g）1300円。1週間掛けて作るドミグラスソースにも感動

ローストビーフの店 ワタナベ

ローストビーフのみせ ワタナベ／油小路御池

メニューは黒毛和牛のローストビーフをメインとしたコースのみ。目の前の鉄板から繰り広げられるライブ感に心躍り、焼きたてを切り分けてくれるローストビーフの味は記憶に深く刻まれる。シャルキュトリーの盛り合わせなどフレンチの技が光る前菜も、メインに負けない存在感を誇る。

map P251-1A
075・211・8885
京都市中京区油小路通御池下ル式阿弥町137
三洋御池ビル1F
12:00～14:00、18:00～22:00（LO／20:30）
月曜休

深夜にふらりと寄れる
温かな店を目指して

和牛の炭焼きサンドウィッチ2160円。京都牛と食パンを炭火で焼き、自家製ソースでサンド

Roast beef

コース一本で勝負するローストビーフに感動

3種から選べるローストビーフに、アミューズや前菜、デザートなどがつくコース5184円〜

肉

酒処 てらやま
さけどころ てらやま／木屋町

飲食店勤務だった2人が仕事終わりに出会ったような、深夜でも気軽に立ち寄れる場所を作りたいと開店。祇園の料亭で修業を積んだ主人と、ステーキハウス勤務の経験を持つ奥さんの二人三脚の料理が話題に。なかでも和牛の炭焼きサンドウィッチの引力は絶大。これを食べずには帰れない。

map P247-3A
☎ 075・255・3357
京都市中京区鍋屋町212-3 25番路地
17:00〜24:00
日曜休

ランチの選べるブロシェット3本セット1350円(スープ付き)。錦雲豚や野菜つくね串など10種から

炭火で焼く
香ばしい仏串焼き

Brochette

ブロシェット／東洞院御池

フランスの串焼き料理「ブロシェット」を店名に掲げる通り、肉の旨さを引き出す炭火の串焼きが名物。店主の西川さんが、少しずつ食べられるようにと、一口大にアレンジし、最高級の備長炭で焼き上げる。その他スペアリブのグリルやスモークした丹波地鶏などもおすすめ。

map P250-1C
☎ 075・708・5527
京都市中京区東洞院通御池下ル笹屋町438-4
11:30〜14:00、18:00〜23:00
日曜〜22:00
不定休

牛肉と野菜が織りなす
肉系酒場の技あり料理

ほいっぽ

ほいっぽ／御所南

　「BEEF×VEGETABLE」をコンセプトに、牛肉と旬野菜をメインにした料理が自慢の肉系酒場。特に牛一頭分仕入れるから実現できるお手頃価格のステーキが評判。レバーやパテなどの酒肴も外せない。

map P255-3B
☎ 075・746・6360
京都市中京区少将井御旅町352-1 ラフト1F
17:30～24:00　不定休

ランプとリブロースの盛り合わせ3100円。
仕入れにより京都牛や近江牛などを使う

天ぷらの概念を覆す
肉が主役の新感覚天ぷら

酒と肉天ぷら 勝天

さけとにくてんぷら がってん／先斗町四条

　気軽に立ち寄れる肉が主役の天ぷらバル。名物の勝天串1本129円は、粗目の赤唐辛子と牛肉のダシが溶け込んだ甘辛タレをつけてサクッとひと口で。じんわり広がる肉の旨みに、ついもう1本と手が伸びてしまうこと間違いなし。

map P247-3A　☎ 075・746・2002
京都市中京区先斗町通四条上ル柏屋町170 かつやビル1F
11:30～15:00 ,17:00～23:00 (LO/22:30)
金曜、祝前日11:30～15:00,17:00～24:00 (LO/23:30)
土曜11:30～24:00 (LO/23:30)
日曜、祝日11:30～23:00 (LO/22:30)
無休

霜降り黒毛和牛のステーキが贅沢な天ぷらに。
黒毛和牛サーロイン1058円

THEME

焼き鳥

国産備長炭で焼く串メニューは牛タン、サガリなど各324円〜。焼き野菜は各216円〜（写真はイメージ）

虜になること必至
本気の炭火焼牛串

彩り野菜マリネ、ポテトサラダ、生ハムなどの前菜盛り合わせ2160円

炭のクチ -sumi no kuchi-

すみのクチ／西院

カウンター席がメインの炭火串焼店。炭火で丁寧に焼き上げる牛串や野菜串をはじめ、黒毛和牛のステーキカットなど、和洋が融合したアラカルトが揃い、ボリューム満点の前菜盛り合わせもまずオーダーしたい。裏メニューの「牛肉だけで作ったカレー」もチェック。

map P266-1A　☎ 075・874・4784
京都市右京区西院矢掛町14　18:00〜23:30　不定休

甘辛いタレと炭火の香りに誘われ

自家製のあつ揚げはリピートno.1の人気メニュー

甘辛くブレンドしたタレにくぐらせたはさみ1本150円～（2串から注文可）

常木屋

じょうきや／綾小路東洞院

大正モダンの雰囲気が印象的な、築90年の町家を改装。一本一本丁寧に炭火で焼き上げる串焼きは、約30種類。白ワイン、粗目糖をブレンドしたというタレは、店主が修業時代に師匠から譲り受けた、まさに秘伝の味わい。

map P252-1C
☎ 075・351・8769
京都市下京区綾小路通東洞院東入ル神明町243-1
17:30～22:30（LO／22:50）
※売り切れ次第終了
日曜休（月曜が祝日の場合は営業）
card

肉

備長炭で焼き上げる串焼きを目当てに

羽釜で炊き上げる京丹後コシヒカリと素材にこだわった種類豊富な串焼き1本160円～が人気

串まんま

くしまんま／室町丸太町

朝引きの丹波あじわい鶏や京赤地どりを、高温をキープするという宮崎産の備長炭で焼き上げ、オープン以来継ぎ足されているタレに絡める。芳しい香りに、お酒がすすむこと間違い無し。

map P255-2B
☎ 075・222・8850
京都市中京区室町通丸太町下ル道場町4
17:00～23:30（LO／23:00）
火曜休

てるの屋

てるのや／木屋町三条

隠れ家のようなこぢんまりとした雰囲気が居心地良い。さらに、予算2500円ほどで、飲んで食べて、大満足できるとあり、嬉しい限り。この道20年というベテラン店主が炭火で焼く焼き鳥は、1本からでもオーダーOK。

朝7時までオープン コスパも最高！

超とろけてるつくねチーズ、しそまきなど焼き鳥1本108円〜。セセリ丼540円ややげんなんこつからあげ594円など

map P247-2A
☎ 075・255・5252
京都市中京区木屋町通三条下ル南車屋町288
京都ロイヤルビル1F
20:00〜翌7:00 (LO／翌6:30)
無休

京赤地鶏と一品料理を町家で

BANSAN 京色

バンサン きょうしょく／柳馬場四条

石畳の細路地の奥、風情ある店構えのこちらは、炭火焼き鳥が主役。京赤地鶏にこだわり、ほど良く弾力のある身を炭火で焼いて供してくれる。新鮮な魚や熊本直送の馬刺し、京野菜をはじめ全国の旬の野菜を焼き野菜にしてくれる。

焼鳥盛り合わせ4本800円。地鶏本来の旨みに感動

map P250-3D ☎ 075・255・0708
京都市中京区柳馬場通四条上ル瀬戸屋町473-1
17:00〜24:00 (LO／23:30)
不定休

元気なスタッフに心も明るくなる

備長炭で焼きあげる焼き鳥1本140円～

笑い屋

わらいや／富小路四条

　扉を開けたら、元気いっぱいなスタッフの声。活気のある空間に気持ちが高揚する。門外不出という秘伝のタレにくぐらせた焼き鳥は、炭火の香りで食欲をそそる。アラカルトも充実。

map P252-1D　☎ 075・351・8994
京都市下京区富小路通四条下ル徳正寺町42
17:00～24:00(LO／23:30、日曜はフードLO／22:30)
火曜休(祝日の場合は翌日)

[card]

厳選された国産鶏を炭火串焼きでジューシーに

そり237円やふりそで195円など希少部位が人気

炭火串焼 とりと 三条河原町店

すみびくしやき とりと さんじょうかわらまちてん／三条河原町

　直接養鶏所から仕入れる京ひね鶏や但馬鶏、ダチョウなど、その時期ごとに厳選された鶏が味わえる［とりと］3号店。じっくり備長炭で炙り旨みを引き出した種類豊富な串焼きやサイドメニューもぜひ。

map P247-2A　☎ 075・212・7788
京都市中京区恵比須町534-6 エリゼビル1F
17:30～24:00　土・日曜17:00～24:00　不定休

[card]

香ばしい焼き鳥と美酒で一献

「強火の遠火」で仕上げる串焼き1本130円～

炭火焼ぜん

すみびやきぜん／出町柳

　京阪出町柳駅からのアクセス至便、昭和初期の建物をリノベーションした一軒。絶妙な火力のコントロールで、朝引き地どりや黒毛和牛などを最高の状態に仕上げてくれる。地酒もスタンバイ。

map P261-3B　☎ 075・751・5777
京都市左京区今出川通川端東入ル南側田中下柳町14
17:00～24:00 (LO／23:30)
金・土曜17:00～翌1:00 (LO／24:30)　月曜休

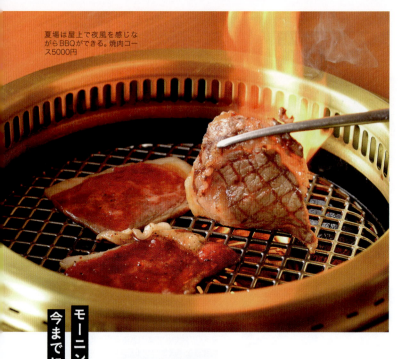

夏場は屋上で夜風を感じながらBBQができる。焼肉コース5000円

THEME

焼き肉

モーニングも！今までにない楽しみ

焼肉の名門 天壇 北山店

やきにくのめいもん てんだん きたやまてん／北山

　京都の老舗焼き肉店。2018年春にオープンした北山店は、週末・休日の朝から焼き肉を食べられると話題。天壇ならではのお出汁のようなタレはもちろん健在。植物園近くというロケーションも心地よく、家族連れにもぴったり。

map P262-3B ☎ 075・707・4129
京都市北区上賀茂桜井町106
11:00～15:00（LO／14:30）、
17:00～22:30（LO／22:00）
土・日曜、祝日8:30～22:30（LO／22:00）
無休

京やきにく弘 祇園山名庵

きょうやきにくひろ ぎおんやまなあん／祇園

　祇園白川という風情のある場所に佇む。元は料理旅館だったという建物を受け継ぎ、京料理のエッセンスを加えたコース（6000円～）を提供。旬の食材を使用した一品が合間に登場する。趣ある個室は全部で13種類。

map P247-3B
☎ 075・561・1717
京都市東山区祇園四条縄手上ル弁財天町16
17:00～24:00（LO／23:00）
無休

肉

料理長が厳選する和牛はどれも美味。祇園ならではの極上の味わい

京料理と焼き肉 贅沢な空間で

焼肉問屋 いちよし

やきにくとんや いちよし／京田辺

　店主の目利きで、極上の黒毛和牛が揃う。「良い肉を安く食べてもらいたい」という店主の信条で、リーズナブルな価格設定がされている。肉の部位やランクに合わせて、ワサビ醤油や梅塩などの調味料を提案してくれる。

あぶりユッケロース1620円（1人前）は月見ユッケダレかポン酢で

良い肉をお手頃に
ファンの多い人気店

map P270-18
☎ 0774・65・4429
京田辺市田辺中央3-7-8
11:45〜14:00、17:00〜22:30
無休

ほんまもん和牛 肴家 ひらり

ほんまもんわぎゅう さかなや ひらり／河原町蛸薬師

　四条河原町からすぐ、路地に佇む小さな隠れ家のような店構えに美味への期待が高まる。精肉店に生まれ、約35年間に渡り目利きに携わってきた店主が、珠玉の和牛を厳選。中でも黒毛和牛の雌牛にこだわり、食通を唸らせる。

三角バラを使った黒毛和牛とろける炙り寿司1080円（2貫）など。やわらかく脂の乗りが上品なのが特徴という黒毛和牛A5の雌牛にこだわる

やわらかく上品
精肉のプロがいる店

map P247-3A
☎ 075・212・1129
京都市中京区備前島町309-4
17:00〜23:00（LO／22:30）
水曜休

card

イチボ、ラム芯などを日替わりで3種盛り合わせた、赤身3種盛2138円

あかやしろ 焔

あかやしろ ほむら／西院

　国産和牛のホルモンや赤身を毎日生肉の状態で仕入れているから、鮮度は抜群。タンスジやハツモト、ラム芯といった珍しい部位も登場し、肉好きの心をがっちりと掴んでいる。炊きたての土鍋ごはんも好評だ。

店自慢のホルモンは希少部位も勢揃い

map P266-1A
☎ 075・821・6601
京都市中京区壬生仙念町14-1 玄風館ビル1F
18:00～翌2:00（LO／翌1:00）、土・日曜17:00～
無休

フィレのなかでももっともやわらかな部位、贅沢なシャトーブリアン180g8100円、〆には肉吸いラーメン850円など

焼肉のんき

やきにくのんき／山科

　他府県からも足しげく通う人がいるというこちらは、昭和46年創業。近江牛などのA4・A5ランクの国産黒毛和牛を良心価格で提供する。ランチタイムにはリーズナブルな「いきなりのんきステーキ」1000円（150g）が好評。

肉好きの聖地とも称される名店

map P268-2B
☎ 075・592・0867
京都市山科区音羽野田町27-4
11:30～14:30（平日は～16:00）
※昼は売り切れ次第終了、17:00～23:00
水曜、第2火曜休（祝日の場合は翌日）

美味しさの秘密は炭火の七輪焼

和牛屋

わぎゅうや／上鳥羽

特選和牛を使った和牛炙りにぎり1070円など

七輪の上で旨みが閉じ込められた肉は、かめばジュワッと美味しさが溢れ出る。こってりとしたタレやさっぱりとした塩など、好みの味わいでいただこう。地元で約20年間愛され続けている店だけに、肉質は間違い無し。

map P269-1A
☎ 075・693・7307
京都市南区上鳥羽南中ノ坪町32
18:00～23:00(LO／22:30)
水曜休

アットホームで肩肘張らない一軒

てんじゅえん

てんじゅえん／西院

特上ロースとカルビ、上ロースがセットになった3種盛り4290円

上質で脂の甘さが際立つA4ランク以上の赤身や、近江牛のホルモンなどをお得に提供。こちらでのおすすめの食べ方は塩ニンニク。すりおろしたニンニクとヒマラヤ岩塩をかけて、特製ポン酢につけて味わえば、美味しさ倍増。

map P266-1A
☎ 075・311・8881
京都市右京区西院西淳和院町3
17:00～23:00
水曜休

焼肉どころ 鼎

やきにくどころ かなえ／深草

[いがや]直営店だからこそ実現できる、上質な特選和牛が低価格で勢揃いする。豊富な赤身やホルモンも充実しているので、宴会や接待などのさまざまなシーンで利用できるのが嬉しい。

map P269-2B ☎ 075・641・2983
京都市伏見区深草直違橋南1-491-1
17:00〜23:00(LO/22:30)　不定休

とろけるような最上級の旨みが味わえる。松阪牛上ロース焼肉1944円〜

松阪牛・特選和牛 感動の瞬間がここに

肉匠 森つる

にくしょう もりつる／伏見桃山

1888年創業という、京都でも屈指の歴史を誇る精肉店[森鶴 本店]の精肉のみを使用。中心となるのは、鹿児島県産の黒毛和牛で、焼き肉や焼きしゃぶで堪能することができる。

map P269-3B ☎ 075・602・4129
京都市伏見区車町273
11:30〜15:00(LO/14:30)、17:00〜22:00(LO/21:30)
水曜休(祝日の場合は翌日)

特選森つるコース6264円は全8品。サンカクなどの希少部位も多く揃える

歴史を感じながら 上質肉をいただく

昇瑛

しょうえい／六角室町

ビジネス街の一角でA4・5ランクの黒毛和牛を気軽に味わえると人気の店。輝くようなサシが入ったカルビやきめ細やかで美しい霜が特徴のハネシタステーキなどが揃い、アラカルトも充実。

map P251-2B ☎ 075・254・7298
京都市中京区六角通室町西入ル玉蔵町118
11:00〜14:00、17:00〜23:00(LO/22:30)
土・日曜、祝日〜22:30(LO/22:00)　不定休

カルビ1280円やロース1280円は赤身の定番人気

とろける絶品の黒毛和牛を 思う存分楽しむ宴を

THEME

鉄板焼き

至福のひとときを
五感で味わう

1. 鉄板ステーキは100g6980円〜（税サ別） 2.3.3ヶ月毎に変わる季節のフレンチコース8000円〜（税サ別）※サービス料別途10%

素福

そうふく／三条木屋町

輝く街並みと、鴨川を眺められる大きな窓が設えてあり、開放的な空間づくりがされたこちらでは、鉄板焼きとフレンチを提供。[京都ホテルオークラ]で10年間研鑽してきたというシェフが、カウンターの鉄板で見事な腕前を披露してくれる。国産黒毛和牛・雌牛のみを使用するステーキは必食。

map P247-1A
☎ 075・256・0333

京都市中京区木屋町通三条上ル上大阪町521
京都エンパイアビル8F
17:00〜23:00（LO/21:00）　不定休

ビステッカ(200g)1万円～。フィレorロース、グラム数はお好みで

脂まで旨みたっぷり
究極の赤身の肉料理を

BISTECCA NAOKI

ビステッカ ナオキ／三条西洞院

フィレンツェ生まれの牛ステーキ、ビステッカが楽しめる。シェフ自らが秋田県まで足を運んで厳選した希少な短角牛を、備長炭と南部鉄、ピザ窯を駆使してじっくりと火入れ。パスタや窯焼きピッツアとともに堪能しよう。

map P251-2A ☎075・231・5831
京都市中京区三条通西洞院塩屋町47-2
17:30～23:00(LO)
火曜休

肉

コースは3780円、5400円、7020円。肉前菜やステーキなどたっぷり味わえる

肉料理 とばとよ

にくりょうり とばとよ／西洞院六角

上質なお肉を気軽に
カウンターで味わう

［西洞院食彩ろぉじ］内に登場した、肩肘張らずに上質なお肉を気軽に味わえる店。1Fは落ち着いたカウンター席で、卓上で仕上げる炎のハンバーグなどユニークなパフォーマンスも華を添え、肉と相性の良いワインと一緒に味わえる。

map P251-2A ☎ 075・744・1129
京都市中京区西洞院通六角下ル池須町423-2
西洞院食彩ろぉじ六角の道
11:29～14:00(LO／13:29)、17:29～23:29(LO／23:00)
不定休

注目の横丁!

たくさん飲み屋を回りたい!という飲んべえたちに教えたいのが、近頃注目の「横丁」スタイルの店。一つの店に色々な店舗が入っているので、数歩移動するだけでもう違う店に行けるという、なんとも嬉しい&楽しいハシゴ酒ができるのだ。

はちわ

ねぎま100円〜の焼き鳥専門店。ソリレスや背ぎもが150円〜と希少部位もリーズナブルに楽しめる

賑やかな看板が目印!

ムギの穂

人気の生姜の手作り餃子1人前350円〜(写真は2人前)。串カツ盛り合わせ1080円〜は本マグロのねぎま串など8種が揃う

NIKUMON

お得感満載!人気メニューは、オリジナルタレが美味ないきなり近江牛1200円や肉天盛り合わせ1080円などが揃う

注目の横丁！

もみじ

刺身のメガ盛り合わせ2000円は仕入れにより新鮮な魚介を8〜9種盛りで。温卵と胡麻ダレの海鮮丼800円も人気

⭐ 街の灯り商店街
まちのあかりしょうてんがい／錦高倉

**錦に灯る新しい商店街
横丁酒場で盛り上がろう**

　創作串揚げと手作り餃子の［ムギの穂］、焼き鳥の［はちわ］、海鮮中心の［もみじ］、近江牛の[NIKUMON]、焼きそば粉もん系［幸福屋］に、ドリンク専門[GARAGE 39CAFE]と、カテゴリーが違う6店舗が集結。安くて楽しく盛り上がることをコンセプトに横丁の酒場的な商店街として開店した。酒場のどこで飲んでも全店のメニューが注文できるスタイルで、自由に行き来できるのが嬉しい。

map P250-3C
☎ 075・708・3970
京都市中京区錦小路通高倉西入ル西魚屋町607
15:00〜23:00　無休

GARAGE 39CAFE

バーテンダーが作るカクテルもあるカフェバー。ビール400円に、日本酒の和ハイボール350円なども

幸福屋

たこ焼き4個300円〜に、お好み焼きのブタ玉400円〜とかなりリーズナブルな粉もんが揃う。小さなおつまみ系も用意する

フライドチキンと ハイボール リンク

チキンおためしセット1000円。モモとムネのチキンがつき、メガハイボールかビールを選べるセット

KYOTO TOWER SANDO
キョウト タワー サンド／京都駅前

京都タワービル内に登場した食べ歩きが楽しい新フードホール

　京都タワービル地下1F〜2Fの商業ゾーンが全面リニューアル。京都の駅と街を繋ぐ新たな「参道」となる場づくりになるようにと名付けられた。なかでも京都の人気店が約19店舗集まったフードホールは、使い勝手の良さが評判を呼び、昼から夜まで賑わう。

📍 P257-2B
☎ 075・746・5830(9:00〜20:00)
京都市下京区烏丸通七条下ル東塩小路町721-1
B1F／11:00〜23:00
1F・2F／9:00〜21:00
※一部店舗により異なる
無休

Curry Shop JUNAYNA

10種類以上のスパイスをブレンドしたオリジナルスパイシーチキンカレー1000円
※副菜など一部変更有

ついつい立ち寄りたくなる!

ぎょうざ処 亮昌

まず注文したいのはやっぱり餃子とビールセット850円。たっぷりの生姜や味噌で京風に仕上げている

注目の横丁！

⭐ ざ らくちん室町横丁
ざらくちんむろまちよこちょう／室町綾小路

街中に登場した
新しいハシゴ酒スポット

四条通りから室町を下がり、入り口に見える「ざ」の文字と行灯が目印。うなぎの寝床のような店内に異なる4店舗が入っており、[小皿料理とワイン フレンチマンJr.]、新鮮な魚介が自慢の[炭火炉端 イコール]、[焼き鳥スタンド酒場 角福]、[とんこつ鍋と餃子 縁楽]など、ハシゴ酒だけでなく、その時の気分に合わせて選んでみても。

map P253-1B
☎ 075・341・6565（炭火炉端 イコール）
京都市下京区室町通綾小路下ル白楽天町511-1
営業時間は店舗により異なる
月曜休

小皿料理とワインフレンチマンJr.

5インチピザ ペスカトーレ670円。直径12cmのミニサイズ。ふわふわの綿あめをワインにオンしたものなど

炭火炉端 イコール

造り盛り合わせ一人前1250円（写真は3人前）。本マグロ中トロなどその日仕入れた新鮮な海鮮を贅沢に

⭐ 崇仁新町
すうじんしんまち／京都駅

グルメと出合いが待つ
"新しい街"の登場

京都駅から東に5分ほど歩いた崇仁エリアに、2020年まで約2年半の期間限定で屋台村がオープン中。灯りがこぼれるコンテナは、地元のソウルフード・ちょぼ焼などの屋台16店舗。偶然隣り合った人とも仲良くなれそうな新しいコミュニティの場、ぜひ訪ねてみて。

やきやき崇仁新町
お好み焼やたこ焼きの元祖ともされるちょぼ焼き。プレートにうどん粉を溶いた生地に具材をのせて焼き上げる

崇仁茶屋
お餅とスパークリング玉露の専門店。「ほうじ茶×日本酒レーズンチョコ」など意外な組み合わせが楽しめる

map P257-2B
☎ 075・708・2985（代表）
京都市下京区上之町19-6
17:00〜23:00
土・日曜、祝日12:00〜23:00
無休※一部店舗により異なる

京のもち豚 追い鰹そば 味付け玉子入り800円。別添えの柚子皮を加えると吸い物のよう

究極のダシを極めた これぞ日本のラーメン

麺屋 猪一 離れ

めんや いのいち はなれ／高辻堺町

map P252-2D　☎無

京都市下京区泉正寺町463 ルネ丸高1F
11:30〜14:00、18:00〜22:00
日曜〜21:00
※スープが無くなり次第終了
月曜休(祝日の場合は翌日)

　多くのラーメンファンを魅了してきた［麺屋 猪一］の2号店。代表作「追い鰹そば」は、指宿産鰹本枯れ節を贅沢に使用したダシに白醤油のかえしを加えた香り高い逸品。削ってから30分以内がベストという超薄削り鰹を追い足しするスタイルだ。新時代のラーメンを心ゆくまで堪能したい。

8
ramen

心ゆくまで食べたい
ラーメン

麺屋 優光

めんや ゆうこう／姉小路烏丸

ガラス張りのスタイリッシュな店構えに、昼時には行列ができる人気の醤油ラーメン専門店。貝の旨みを利かせた「淡竹」、鰹と昆布に［澤井醤油］のだし醤油を合わせた「真竹」、島根の濃口醤油が香る「黒竹」の3種のスープに、足踏みで仕上げるモチモチ食感の自家製麺がさらりと絡む。

map P251-1B ☎ 075・256・3434
京都市中京区姉小路通烏丸西入ル場之町588
11:00〜15:00、17:30〜22:00
木曜休

京都に新風吹かせる3種の個性派醤油

貝の旨みがひと口ごとにじわじわ広がるやさしい味わい。淡竹HACHIKU800円、煮卵+50円

街中にひっそり佇む隠れ家
上質を極めた独自の麺とスープ

名前も看板もございません

なまえもかんばんもございません／三条木屋町

ラーメン店とは思えないスタイリッシュな空間が印象的なこちらでは、鮮度の高い厳選素材を使用したグレードの高い一杯が味わえる。ごぼう粉末を練り込んだもっちりとした自家製麺を使用し、人気の淡麗スープには鶏モモから抽出した雑味のないきれいな味わいが絶妙。トッピングにモツや厚切りチャーシューもプラスしてみて。

map P247-2A　無
京都市中京区恵美須町534-31 CEO木屋町ビルB1F
11:30〜15:00、18:00〜22:00
土・日曜11:30〜21:00
無休

淡麗モツラーメン850円。新鮮なホソに醤油を利かせた煮込みをトッピング

担担 西院店 Tan Tan Noodle Shop

たんたん さいいんてん タン タン ヌードル ショップ／四条西小路

担担麺の名店として知られる壬生の[担担 四条本店]の姉妹店。クリーミィかつ風味豊かな味わいに開店以来ハマるファンが続出中。自家製にんにく豆板醤やXO醤を好みでプラスしても美味しい。

map P267-1B
☎ 075・925・8308
京都市右京区西院四条畑町5
11:30〜15:00 (LO／14:45)
18:00〜22:00 (LO／21:45)
水曜休

老若男女に愛される味 担担麺で笑顔に！

定番の細麺は特注太麺に変更可能。担担麺(並) 700円

旨みを凝縮したまろやかな、京都の家系ラーメン

らーめん(並)650円。大量の豚骨を煮込み旨みを凝縮したスープ

初代 麺家 あくた川

しょだい めんや あくたがわ／今出川上立売

　東京・新中野[武蔵家]で修業した、京都では希少な「家系」出身の店主・芥川さん。本家よりもまろやかに仕上げた豚骨醤油スープが京都人の心を掴み、開店以来行列の店に。威勢のいい掛け声が飛び交う活気のいい店内には、常連客の名前をずらりと張り出してサービスするなど、何度でも通いたくなる仕掛けがある。

map P261-3A　☎ 075・411・9083
京都市上京区上立売東町44
11:00〜15:00、17:00〜22:00
日曜休

中華そば一筋の店主が
老舗の古き良き味わいを継承

麺屋 龍玄
めんや りゅうげん／一乗寺

老舗[新福菜館]本店に12年、その後、直営店の立ち上げなど計30年を中華そば一筋で修業した店主。「誰もが食べやすいベーシックな中華そば」を目指し、基本に忠実に、さらに独自の製法も加えた、醤油の香りが漂うあっさり風味をぜひ。

濃そうな見た目とは裏腹にあっさりとした、中華そば(並)700円

map P260-2D ☎ 075・744・0568
京都市左京区一乗寺宮ノ東町51-7
11:30〜21:00(LO)　水曜休

ラーメン

がっつり濃厚なのに
後味あっさりが癖になる

麺屋 愛都99号店(祇園店)
めんや あいと99ごうてん(ぎおんてん)／祇園

「こってり」と「あっさり」のいいとこ取り、こっさりスープが評判。鶏ガラと豚骨を強火で長時間煮込み、コクと旨みを凝縮した鶏豚骨スープは、濃厚な旨みがありながら、後味にくどさがなくスープを飲み干す人も多いそう。

香ばしい炙りチャーシューと味玉、海苔のトッピングが人気な味玉ラーメン850円

map P247-3B ☎ 075・708・3300
京都市東山区祇園町北側344-3 アミカビル1F
18:00〜翌3:00
日曜11:00〜16:00
月曜休

THEME

つけ麺

自家製麺で勝負に出る
名店仕込みの痛烈な1杯

つけ麺900円、半熟煮玉子100円。鶏を丁寧に下処理し、濃厚で雑味のないスープに

豚骨魚介つけ麺900円。レモンで味の変化を楽しみ、最後は雑炊風に

爽やかなレモンで
味の変化も楽しめるつけ麺

セアブラノ神 壬生本店

セアブラノかみ みぶほんてん／壬生

　背脂を加えながら煮干しダシのクリアなスープであっさり味わえる、背脂煮干そばで知られるラーメン店。ラーメンのほか、煮干しが香り立つ豚骨つけ麺、背脂まぜそばなどもラインナップ。

map P266-1B　☎ 075・821・0729
京都市中京区壬生相合町25-4
デイスターアベニュー1F
11:00～15:00、18:00～23:00
月曜休

麺屋 さん田

めんや さんだ／西小路五条

　[吟醸らーめん久保田]で約7年修業を積んで独立。きれいな旨みを目指したという濃厚な鶏白湯スープのつけ麺が好評だ。自家製麺にも挑戦し、焙煎した胚芽を練り込んだ風味の良さがスープに負けない存在感を放っている。

map P267-1B
☎ 075・321・5556
京都市右京区西院追分町7-4
11:00〜14:00
18:00〜21:00
月曜休(祝日の場合は翌日)

深く澄んだ醤油スープに
つやのある麺をまとわせて

山﨑麺二郎

やまざきめんじろう／円町

　メニューごとに配合や打ち方を変えるこだわりの自家製麺を、まずはつけ麺で味わいたい。つるんとのど越しの良いもっちり食感の中太麺が、鶏と魚介、醤油が織りなすあっさり風味のスープに絡む。他に、らーめん、塩らーめんも用意。

つけめん700円。昆布や煮干しなどの魚介を鶏スープにあわせてあっさりと

map P264-2A　☎ 075・463・1662
京都市中京区西ノ京北円町1-8
11:30〜14:00
18:00〜22:00※売り切れ次第終了
月・火曜休

THEME 個性派濃厚スープ

あわあわのクリーミィな豚骨スープ。豚だくカプチーノそば850円

鶏だく800円。同じベースに唐辛子を投入した赤だくなど全4種が揃う

とろけるようなまろやかなカプチーノパンチコン！

研究を重ね辿り着いた濃厚どろうまの終着地

麺屋 極鶏
めんや ごっけい／一乗寺

　店主が初志貫徹で作り上げた超濃厚鶏白湯を求めて、全国のラーメンファンが訪れる人気店。レンゲが立つほどの濃度、麺に絡みつく粘度ながら、鶏の旨みを凝縮させ、しつこさを感じさせない奇跡の一杯に仕上げている。

map P260-1D ☎ 075・711・3133
京都市左京区一乗寺西閉川原町29-7
11:30〜22:00※売り切れ次第終了　月曜休

八の坊
はちのぼう／円町

女性1人でも入りやすいカフェのような雰囲気の店内。家系ラーメンの流れを汲みながら、独自に進化させたバラエティ豊かなラーメンが人気。豚そば進化系、濃厚な豚骨スープを泡立てた、クリーミィなラーメンはここでしか出会えないと評判。

map P264-2A ☎無
京都市中京区西ノ京伯楽町22-9
11:30〜14:30、18:00〜22:00　水・第3火曜休

フカクサ製麺食堂
フカクサせいめんしょくどう／深草

ラーメン好きが足繁く通う一軒。鶏醤油には細麺、クリーミィなおさかな鶏白湯にはアマニ粉をブレンドした中太麺と、製麺室で生み出されるこだわりの麺は、スープとのバランスを追求した3種。それぞれの相性を確かめてみて。

map P269-1B
☎無
京都市伏見区深草
キトロ町33-14 トミヤビル1F
11:00〜15:00※日曜は昼のみ
18:00〜21:30
無休

第二のラーメン激戦区　深草エリアで不動の人気

おさかな鶏白湯800円。鶏と魚介の旨みを白く泡立つスープに凝縮

思わず飲み干したくなる豊富な種類のスープ

担担麺 胡
たんたんめん えびす／山科

半数以上が女性客という清潔感のある店。担担麺は黒胡麻、チーズ、汁なしなど10種類揃い、麺の固さやスープの味の濃さ、辛みも好みで調整できるきめ細かなサービスが嬉しい。デザートや自家製のサイドメニューも充実。

THEME: 担々麺

map P268-2B ☎ 075・591・6556
京都市山科区竹鼻竹ノ街道町74 アースビル1F東側
11:00〜15:00(LO)、17:30〜23:30(LO)
不定休

自家製チャーシュー入りの、クリーミィな特製肉入り担担麺(並)972円

旨みを丸ごと味わう
汁なし担々麺

四川亭
しせんてい／元田中

　13段階の辛さが選べる担々麺と汁なし担々麺、麻婆豆腐が3本柱。汁なし担々麺は、胡麻ペーストに山椒味噌を加え、肉味噌やねぎの香りと食感がひとつになった味わい深い一杯。

汁なし担々麺(200g)750円。自家製肉味噌が旨みの要

map P260-3C ☎ 090・6905・5615
京都市左京区田中里ノ内町64
11:30～14:30 (LO／14:15)
18:00～22:00 (LO／21:30)
土曜18:00～21:00 (LO／20:30)
日曜休、他不定休有

お肉のプロが提供する
昼限定の担々麺

匹十
ぴーと／三条会商店街

　店のガラス全面に描かれた象の絵が目印。店主の本業は肉の卸売りで、昼間だけ自身が好きな担々麺の店を営んでいる。蒸し鶏や焼き肉丼セットなど、肉屋らしいサイドメニューも充実。

ポタージュのようにまろやかな担々麺(並)750円

map P264-3B
☎ 090・7367・4076
京都市中京区西ノ京南聖町21-52
11:30～14:30　土・日曜、祝日～15:00
月曜休

ラーメン(300g)
800円に麺まし
(150g)+100円、
豚まし+300円で
計1200円

THEME
マシマシ系

みんなの夢を全力応援
謎のシステムが話題に

Yume Wo Katare Kyoto

ユメ ヲ カタレ キョウト／千本中立売

夢を語れば次回のラーメンが1杯無料になるという、聞き慣れないシステムが多くのラーメンファンを惹きつけている。迫力のあるボリュームだが、脂を分離させた非乳化の醤油スープは、驚くほどあっさりマイルドな味わい。

map P264-1B　☎ 無

京都市上京区四番町126-10
11:30〜15:00、17:00〜22:00
火曜、水曜昼休

正統派インスパイアが
あの本家をも超えた!?

ラーメン池田屋 京都一乗寺店

ラーメンいけだや きょうといちじょうじてん／一乗寺

東京の有名ラーメン店での修業を経て開店。豚の腕肉からダシをとり、醤油のコクをプラスしたスープは試行錯誤の末にたどり着いた店主の努力の賜物。「本家を超えた」と一部のジロリアンから囁かれるほどの力作だ。

ラーメン(小)750円。麺300gにニンニク・野菜・脂・カラメマシマシ

map P260-1D ☎ 無

京都市左京区高野玉岡町33-9
11:30～14:00、18:00～24:00
不定休

ラーメン

これで野菜不足も解消
麺まで遠いもやしの山

らーめん大 京都深草店

らーめんだい きょうとふかくさてん／藤森

[ラーメン二郎堀切店]が改名し、関東を中心に全国展開する[らーめん大]の京都拠点に。スープは堀切系を継承しつつ、京都の水の影響か少しあっさりとした仕上がり。野菜トッピングはマシで約1kg、マシマシで約1.5kg。

しょうゆらーめん700円。野菜を食べる時間を考慮した太麺は400gまで無料!

map P269-1B ☎ 075・755・5608

京都市伏見区深草野田町17-2
シティーハイツベルジュール1F
11:00～14:00、17:00～24:00
土曜、祝日11:00～14:00、17:00～22:00
日曜10:00～14:00※野菜が無くなり次第終了
不定休

9
chuka

熱々を頬張る！
中華

鱧の辛味炒め1800円(夏季限定)。
上品な辛みが後を引く

麻婆豆腐1200円。自家製ラー油とダシの旨みが決め手

中華

前菜盛り合わせ1200円。多彩な味覚が味わえる定番

ゲストとの距離を大切に 地元に愛される店を目指す

私房菜 すみよし

プライベートキッチン すみよし／馬町

神戸や京都の有名ホテルで修業を積んだ住吉シェフ。地元の人々に愛される家庭的な店にしたいとの想いを店名に込め、店内にはローテーブルを設えるなど、距離の近い接客を大切にする。とはいえ30年以上の経験を持つシェフの料理は本格派。ホテル仕込みの中華を肩肘張らずに楽しみたい。

map P256-1D
☎ 075・585・5707
京都市東山区妙法院前側町420
11:30〜14:00 (LO)
17:30〜21:00 (LO)
火曜休

海老と旬野菜の炒め2268円。野菜は契約農家直送　　鶏肉の重慶唐辛子炒め2376円。この店一番の名物

築100年の町家空間で
中華の奥行きを感じて

町家四川 星月夜

まちやしせん ほしつきよ／油小路仏光寺

歴史ある町家を活かした中華料理店。四川料理の醍醐味である香辛料を巧みに使う刺激的な料理はもちろん、四川・上海料理両方の経験を持つシェフが、多彩なラインナップを披露。坪庭を臨む趣ある店内でゆっくりとコースを楽しみたい。辛さだけではない中華の奥深さを教えてくれる。

map P253-1A
☎ 075・341・2510
京都市下京区油小路通仏光寺上ル
風早町582
11:30〜14:30 (LO／14:00)
17:00〜22:00 (LO／21:00)
火曜休、他不定休有

黒酢の酢豚セット1400円。サラダ、スープ、飲茶2種が付き品数たっぷり。天津飯セット1000円も人気

地元客で夜ごと賑わう
本格中華ダイニング

CHINESE DINING さくら厨房

チャイニーズ ダイニング さくらちゅうぼう／西院

西院に訪れたらぜひ訪れたい中華料理店。地元客が足繁く通うこちらの一番人気は四川麻婆豆腐700円。豆板醤、豆鼓醤、麻婆醤の3種を使い、中国山椒の痺れるような辛みがクセになる一品。日替わりランチ800円〜、夜は一品料理のほか、セットメニューが揃う。

map P266-1A
☎ 075・314・3401
京都市右京区高辻通佐井東入ル西院西平町6-10
11:30〜14:30
17:00〜22:00 (LO／21:30)
月曜休

山椒もたっぷりの
なすびの細切り激炒め842円

深夜の東大路を照らす
赤と黄色の看板が目印

東北家

とうほくや／東大路三条

東山三条から北へ徒歩すぐ。中華料理の最高位とされる「特級厨師」の資格を持つ孫さんの作る本場の中華が味わえる。中国東北地方の料理をベースに、素材本来の味を楽しめるあっさりとした中華が日本人の舌にマッチする。お母さんの温かい接客に心惹かれる人も多数。

map P246-1C ☎ 075・744・1998
京都市左京区東大路通三条上ル南門前町536-5
長谷川ビル1F
17:00～翌3:00 (LO／翌2:30)
月曜休(祝日の場合は営業)

卵白あんかけ炒飯900円。ふわりと仕上げた餡に素朴なチャーハンがマッチ

インパクトは見た目以上
未知なる食感の餡に夢中

華祥

かしょう／元田中

　定番からフカヒレ料理まで、幅広いメニューを良心価格で提供する街の食堂。名物の卵白あんかけ炒飯は、まるでクリームのようなふわふわ食感の卵白、シンプルで潔い味付けの炒飯にファン多数。昼は行列覚悟で訪れて。

 P260-3C
☎ 075・723・5185
京都市左京区田中里ノ内町41-1
11:00〜14:00（LO／13:50）
17:30〜22:00（LO／21:15）　水曜休

方圓美味

ほうえんびみ／元田中

　中国と日本で修業を積んだ崔シェフの料理は、本場の香辛料をたっぷり使用しながらも、辛さの中にしっかりと旨みを感じられるバランスのとれた味わいが好評だ。「この辺りで一番美味」という店名にもシェフの意気込みを感じる。

中華激戦区に店を構え
バランスの良さで勝負

麻婆豆腐680円。中国で6年、日本で14年の修業経験を物語る店の名物

map P260-3C
☎ 075・707・2081
京都市左京区田中里ノ前町1　西野ビル1F
11:00〜14:30（LO／14:00）
17:00〜22:30（LO／22:00）
月曜休

あっさり仕上げの中華と
常連への思いやりが素敵

上海菜苑 和盛楼

しゃんはいさいえん わしんろう／元田中

　現地で仕入れるスパイスを用いた定番中華はもちろん、お年寄りの常連も楽しめるようにと、トマトと玉子のふわとろ煮などやさしい味付けのメニューも多数用意。温かい気遣いが地元民や大学関係者からも愛される所以だ。

米を発酵させた調味料・酒醸でまろやかに仕上げる海老のチリソース1400円

 P260-3C
☎ 075・712・6178
京都市左京区御蔭通東大路東入ル田中樋ノ口町5
11:30〜14:00(LO)　17:00〜21:30(LO)
月曜休

和食さながらの技法で
繊細な京風中華を体現

叡

えい／北白川

　丹波地鶏と天然の魚からダシをとり、素材の味を最大限に引き出す京風中華は、まるで和食を思わせるような繊細かつ奥深い味わい。昆布だしでベジタリアンにも対応する柔軟さで、名だたる文化人がお忍びで訪れるのにも納得。

 P260-2D
☎ 075・723・6651
京都市左京区北白川上終町22-10
11:30〜14:00、17:30〜21:00(LO／20:30)
木曜休

大原野菜のおこげ1500円〜。土鍋で炊いた玄米に、たっぷりの野菜と餡を絡めて

食べるまでわからない その食感は予想以上

七福家

しちふくや／聖護院

　上海出身の姉弟で営む、地元民から愛される店。驚愕のメニュー「京都肉球」の正体は、豚肩ロースをサイコロ状のものを一つに固め、低温でじっくり揚げた豚肩ロース。たっぷりかけた自家製黒酢が堪らない。

map 259-3B　☎ 075・771・3833
京都市左京区聖護院山王町25-11
11:30〜15:00（LO／14:30）
17:00〜22:00（LO／21:30）　水曜休

京都肉球1500円。豚肩ロースのげんこつ揚げを支えるのは長いも揚げの台座

中華

中国菜 燕燕

ちゅうごくさい えんえん／今出川寺町

　腕利きの中国人シェフが披露するのは、中国各地の50種類以上の料理。ボリューミーでお手頃価格なメニューが、苦学生たちの胃袋を満たす。オーナー厳選の中国茶も美味。

map P261-3B　☎ 075・222・1489
京都市上京区今出川通寺町西入ル大原口町211 1F
11:30〜14:30（LO／14:00）
18:00〜22:30（LO／21:30）　木曜休

ボリューミーな料理に大満足間違い無し

黒酢の酢豚950円。やわらかい豚肩ロースに深みのある黒酢をたっぷり

餃子王

ぎょうざおう／聖護院

　中国東北部出身の王さん夫婦が切り盛りする中国料理店。母親から受け継いだというレシピで作る自慢の水餃子は、皮もジューシーな餡も自家製。定番餃子を何種類か食べ比べてみて。

map P259-3B ☎ 050・3692・5499
京都市左京区岡崎徳成町28-22
12:00〜14:00、17:00〜22:00　日曜夜、月曜休

中国家庭料理の代表
モチモチの水餃子

エビの水餃子(7個)600円

THEME　餃子

餃子専門店 包屋福吉

ぎょうざせんもんてん つつみやふくよし／祇園

　「餃子を包んでいる時が、何より幸せ」と語るのは、名物おかあさん・やまちゃん。まず食べたいのは水餃子、つるんと優しく、何個でもペロリと食べられそう。

map P246-3C ☎ 080・5307・2939
京都市東山区祇園町北側347-153 丸美ビル1F
18:00〜翌4:00
日曜、祝日の月曜休

どこか懐かしく
ほっとする味わい

定番餃子3種ミックス盛り(6個)500円

マルシン飯店

マルシンはんてん／東山三条

　40年以上続く、ボリュームたっぷりの料理やタイムサービスで人気の中華料理店。定番の餃子は豚肉違いで2種類あり、餃子のために作られたクラフトビールと一緒に味わいたい。

map P246-2C ☎ 075・561・4825
京都市東山区東大路通三条下ル南西海子町431-3
11:00〜翌6:00(LO／翌5:45)　火曜休

特注の皮の中の極上餡
人気店の味を家庭でも

旨み豊かなマルシン熟成豚肉餃子(1人前6個)
380円

ぎょうざ歩兵

夜更けの小腹を満たす
祇園の生姜ぎょうざ

ぎょうざほへい／祇園

　舞妓さんや芸妓さん、仕事帰りの女性も多数。小ぶりで食べやすいひと口サイズで、パリパリの食感で、ニンニク無しの生姜ぎょうざが人気。数時間炊き込む味噌ダレを付けて。

map P247-3B　☎ 075・533・7133
京都市東山区清本町373-3
18:00～翌1:00(LO／翌24:30)　日曜、祝日休

後味爽やかな生姜ぎょうざ(1人前8個)450円

タイガー餃子会館

いつか全種制覇したい！
11種類の手作り餃子

タイガーぎょうざかいかん／錦烏丸

　メニューにズラリと並ぶのは、定番からオリジナルまで11種類のバリエ豊かな手作り餃子。キクラゲや山クラゲをモチモチ皮で包んだお店イチオシのぷっくり餃子は、定食でもぜひ。

map P251-3B　☎ 075・708・5212
京都市中京区占出山町314-1
11:30～15:00(LO／14:00)
17:00～23:00(LO／22:00)　無休

具だくさんなぷっくり餃子(1人前6個)939円

餃子松吉

九条ねぎ×もち豚
女子会にもぴったりな夜を

ぎょうざまつきち／中立売千本

　シックな設えで女性を中心に人気を集める餃子店。餡にたっぷりの九条ねぎと三河のもち豚を使った焼き餃子をはじめ、厚めの皮でもっちり仕上げる水餃子や手羽餃子も支持高し。

map P264-1B　☎ 075・451・9233
京都市上京区中立売通千本東入ル田丸町379-6
18:00～翌1:00(LO／24:30)　不定休

自慢の焼き九条ねぎ餃子(1人前6個)320円

餃子ごずこん

ぎょうざごずこん／麩屋町錦

花街の名物餃子を手軽に味わえる

　祇園で人気の創作料理店［ごずこん］発祥の餃子専門店。鶏ガラスープを混ぜた錦餃子は定番メニュー。豚骨スープ入りの小籠包風祇をん餃子は追加注文のみ。持ち帰り可。

map P250-3D　☎ 075・229・8511
京都市中京区麩屋町通錦小路上ル梅屋町500-1
11:30〜22:00 (LO／21:30)
水曜休

錦餃子10個が付いた
餃子定食レギュラー1400円

餃子一口肉まん 十二籃

ぎょうざひとくちにくまん じゅうにらん／千本中立売

香辛料が利いた餡とモチモチの皮が逸品

　父子で営むアットホームな中華料理店。一枚ずつ丁寧に手作りする皮のツヤとコシが秀逸で、中華スパイスが利いた餡が豊かな風味を約束してくれる。

map P264-1B　☎ 075・406・7394
京都市上京区仲御霊町64-2
11:00〜14:30、17:00〜22:00　土曜休

日替わりスープやごはんなどが付く
餃子定食850円

酒食堂 燦

さけしょくどう さん／高辻大宮

メニューは50種以上ビールのお供に餃子をどうぞ

　サクッと夜ごはんが食べられる雰囲気が嬉しい居酒屋。常連さんが必ず頼む自慢の餃子は、干し椎茸などが入った餡を包み、パリッと焼き上げたジューシーでやさしい味わい。

map P266-1B　☎ 075・432・8737
京都市下京区大宮通高辻西入ル坊門町832
イツワマンション1F東
17:00〜24:00　月曜休

餃子もお酒も付いた
燦の餃子定食1080円

ニンニクたっぷり焼餃子(1人前6個)280円

**カウンター越しに
笑顔が飛び交う時間を**

餃子屋 もり

ぎょうざや もり／円町

　カウンターのみのアットホームな一軒。お酒にぴったりな多彩なメニューの中でも、看板メニューはパリッと焼き上げた餃子。胡麻たっぷりの自家製味噌ダレをつけて味わって。

🗺 P264-2A　☎ 075・465・8892

京都市中京区西ノ京円町21-2
16:00〜23:00　水曜休、他不定休有

朝一から花街で味わう
種類豊富なGYOZA

バジルソースをまとったエビ餃子700円

GYOZA8

ギョウザエイト／祇園

　朝の8時から餃子が食べられる餃子スタンド。気軽な店構えながら料理は本物志向。肉汁が飛び出すニンニク不使用のオリジナル餃子や、パクチーを練りこんだ水餃子も絶品。

🗺 P249-1B　☎ 075・585・5390

京都市東山区大和町16-1 Laon Inn 祇園縄手1F
8:00〜13:30(LO)
17:00〜22:30(LO)　月曜休(祝日の場合は翌日)

中華

餃子を味わい尽くす
豊富なバリエ

パリパリ感を追求した鉄板焼き餃子6個313円

ラッキー餃子センター

ラッキーぎょうざセンター／丹波口

　揚げ焼きのようなしっかりした焼き加減で運ばれてくる餃子を、自家製ラー油や味噌タレ、酢醤油など好みのタレでパクリ。薄めでパリッとした皮から肉や野菜の旨みが溢れ出す。

🗺 P266-2A　☎ 075・874・3092

京都市下京区朱雀北ノ口町43-2 1F
12:00〜22:00(LO/21:30)
無休(不定休有)

10
multinational

スパイス香る 多国籍

ひとつの厨房が繋ぐ
異なる国の食文化

タイの夜ごはん1名4000円の一例。タイ風の卵焼きのカイジャオ ムーサップ、ハーブや珍しい生胡椒など多彩な香辛料の香りが際立つゲーン パー

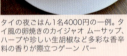

トルビアック

トルビアック／夷川寺町

店主が辿り着いた理想のスタイルは、二つの店を同時に持つこと。タイ・ベトナム料理の店［トルビアック］とフランス料理の店［ビストロ ベルヴィル］。異なる二つの食文化を、一つの厨房が繋ぐ二毛作スタイルが新鮮だ。ベトナムの朝ごはんや、個性豊かなタイ料理を提供する。

map P254-3D
☎ 050・3555・0530
京都市中京区夷川通寺町東入ル
常盤木町49 202号室
ベトナム料理9:30～11:00(入店)
※3日前までの要予約
タイ料理12:00～13:30(入店)
※前日までの要予約
タイ料理18:00～21:30(入店)
※当日予約可　不定休

アジアの料理 たけふさ

アジアのりょうり たけふさ／祇園

祇園の中心にありながら、扉を開ければそこはアジアの小さな食堂。女性店主の武田さんは、日本人の口に合うやさしい味付けのアジア料理を目指している。ベトナムやタイといった本場の料理も、フレンチのエッセンスを加えてぐっと身近な存在に。アジアンフードの新境地を教えてくれる。

map P246-3C
☎ 075・561・0170
京都市東山区祇園町北側323
祇園会館南側1F
11:30～14:30 (LO)
18:00～22:00 (LO)
不定休

祇園の中心に見つけた小さなアジア食堂

多国籍

鶏肉のフォー950円。鶏と香味野菜のさっぱりダシは最後の一滴まで美味

ベトナム風揚げ春巻き900円。パリッとした皮に豚挽き肉の旨みを凝縮

ローストポークとキムチ800円。フレンチの技がきらり。ワインにも合う

明るい雰囲気に心躍る
アツアツの豚焼きと鍋

1. 特選バラ560円。サービスのもやしナムルなどをサンチュで巻いてガブリ！ 2.豚バラ肉にスパム、野菜、ラーメンとボリューム満点のプデチゲ1人前1350円〜（2人前から注文可）

出町スタンド

でまちスタンド／河原町今出川

出町柳にオープンした元気なネオンと暖簾が目印の店。名物は韓国テイストの豚焼きと鍋。特製の石板鍋で余分な脂を落とし、たっぷりのナムルやキムチと一緒に食べる豚焼きと、ピリ辛ジャンクな美味しさの鍋が癖になるかも。ちょい飲みだけでも気軽に立ち寄りやすいのが嬉しい。

map P261-3B 075・256・7272
京都市上京区河原町通今出川下ル大宮町317-4
17:30〜23:30 (LO／23:00)　月曜休、火曜昼休

多国籍

現地の味を京都で発信
貴重なラオス料理店

1. ディルなどのハーブがたっぷり入ったラオス風ピリ辛ソーセージ(小)950円〜　2. オラーム 並1080円。夫妻一押し、魚醤・パデークで煮込むとろとろのスープ　3. カオニャオ(もち米)と、ラオス風のお惣菜2種盛りのセット800円

ラオス料理 YuLaLa

ラオスりょうり ユララ／柳馬場仏光寺

現地で10年間レストランを営んだ岡田夫妻。魚の発酵調味料を用いてなすや牛肉をとろとろになるまで煮込んだスープや竹かごに入ったもち米など、現地の「おふくろの味」を再現した料理はどこか懐かしく、馴染みやすいものばかり。一度食べたらきっとはまる、奥深いラオス料理を体感して。

map P252-1D　☎ 080・6214・2546
京都市下京区柳馬場通仏光寺下ル万里小路町163 エトワール四条1F
12:00〜14:00(※要前日予約)、17:00〜23:00(LO/22:30)　土・日曜、祝日15:00〜
火曜休

海老スープ（トムヤムクン）1350円。大ぶりの海老がたっぷり！

甘酸っぱい焼きそば（パッタイ）850円。タマリンドが味の決め手

グリーンチキンスープカレー850円。パクチーを煮込み鮮やかな色味に

辛さのリクエストも可能
柔軟な対応が人気の秘密

創作タイ料理 パッタイ

そうさくタイりょうり パッタイ／西院

日本人のオーナーとタイ人の奥さんで営むタイ料理店。タイ産のハーブをふんだんに使用した本場の料理はもちろん、辛さや酸味を抑え、日本人の舌に合うようマイルドに仕上げたメニューも用意。さらに自分好みの辛さをリクエストすることも可能で、入門編にもピッタリだ。

map P266-1A　☎ 075・432・8024
京都市中京区壬生森町58-11
11:00～15:00、17:00～21:00 (LO／20:30)
金～日曜11:00～21:00 (LO／20:30)
火曜休

ガイ・ヤーン950円。籠入りもち米ごはん324円とともに味わいたい

多国籍

トム・ヤム・クン（ハーフ）640円。一人客もオーダーしやすいサイズ

タイを横断した夫婦が家庭の味でおもてなし

タイ料理 CHABA

タイりょうり チャバ／東洞院丸太町

北から南まで各地のタイ料理を勉強したというタイ人のウイさんと宇田さん夫婦が、親しみやすい家庭料理を提供。本場より美味しいとタイ人も絶賛するガイ・ヤーンのほか、少しずつつまめるおつまみ3種盛などお酒のアテも充実。アットホームな雰囲気についつい足が向いてしまう。

map P254-3C ☎ 075・746・5852
京都市中京区東洞院通丸太町下ル三本木町452
17:30～22:00（LO／21:30）
水・木・金曜12:00～14:00
17:30～22:00（LO／21:30）
日曜休、他不定休有

ランチの日替わりベジタイカレー。
この日はグリーンカレーセット
890円(目玉焼き乗せ+90円)

昼も夜もタイの魅力を
現地を感じる小さな空間

Miisuk

ミースク／押小路寺町

　市役所裏にひっそり佇む本格タイ料理の店。タイ出身の主人と日本人の奥さんが営む暖かい接客が心地よい。現地のエッセンスを取り入れた空間で、昼はランチセット、夜はセルフ手巻きスタイルで味わう生春巻きなどが楽しめる。

map P254-3D ☎ 075・202・6308
京都市中京区押小路寺町西入ル亀屋町405
12:00～14:30(LO/14:00)、18:00～21:30(LO/20:45)
※夜のみ予約制
木曜・第3水曜休、他臨時休業有

THAI RUENROSE

タイ ルアンロス／岡崎

　現地さながらの雰囲気を醸し出すタイ料理店。本国や日本のレストランで活躍した2人のタイ人シェフの料理は、現地に足を運んだ人ならその再現力の高さに驚くはず。スタッフの温かく陽気な笑顔も微笑みの国の名の通り。

map P246-1C ☎ 075・751・7658
京都市左京区岡崎円勝寺町1-10 スクエア円勝寺1F
11:00～15:00(LO/14:30)、17:00～22:00(LO/21:30)
月曜休

現地のハーブたっぷり
これぞ本場のタイ料理

スパイシーさと酸味が
利いたタイの春雨サラダ。
ヤムウンセン1188円

エビ入り春巻き1188円。
エビ1尾とすり身が入っ
た贅沢な一本

腕の立つシェフに
アジア料理ならおまかせ

トムヤムクン900円。レモンの酸味が辛さの中に爽やかさをプラス

ビンタン食堂
ビンタンしょくどう／北白川

　グリーンカレーやパッタイなどのタイ系、ナシゴレンなどのバリ系や、スパイスを複雑に配合して作るオリジナルと、シェフが披露する料理は実に多彩。亀岡産の野菜をたっぷり使い、日本人好みに仕上げてくれる。

map P258-1C　☎ 075・754・8622
京都市左京区北白川西町82-3 光楽堂ビル1F
11:30～15:00 (LO／14:30)
18:00～23:00 (LO／22:30)
火曜休

多国籍

現地の味を再現しつつ
繊細な気配りが随所に

ルーローハン定食780円。台湾式そぼろごはん。クセのない味付けが美味

台湾料理バル 六花
たいわんりょうりバル りっか／北白川

　日本人店主が営む台湾料理店。ルーローハン定食や油林鶏定食など、ボリューム満点なコスパの良さもさることながら、ベジタリアンなどにも対応できるよう食材や調味料に配慮した料理は繊細で、日本人の舌にも瞬時に馴染む。

map P260-2D　☎ 075・703・1818
京都市左京区北白川上終町11-2
イーグルコート北白川101
11:30～15:00、17:00～22:00 (LO／21:30)
火曜休

タイ料理 コンケン

タイりょうり コンケン／新京極錦

　タイ東北部・コンケン出身のアンカナさんが本場の味を提供。酸味が特徴的なソーセージや筍の辛いサラダなど、東北部ならではの料理がニッチなタイ好きの心を掴んでいる。日替わりで登場するメニューも要チェック。

map P247-3A　☎ 075・252・7779
京都市中京区新京極通錦小路下ル中之町542-2
いさみビルB1F
11:30〜23:00 (LO／22:30)
無休

タイ好きはリピート必至
酸味の利いた東北部の味

パッタイ900円。米麺にタマリンドの甘みがマッチ

熱帯食堂 四条河原町店

ねったいしょくどう しじょうかわらまちてん／四条木屋町

　現地出身のシェフが腕を振るう、ふんだんにハーブを使ったタイ料理や日本人の味覚に合わせたバリ料理の両方が楽しめる店。グリーンカレーなどの定番から通好みの郷土料理まで幅広いメニューがそろう。本場の料理と酒を満喫して。

map P249-1A
☎ 075・255・0618
京都市下京区四条通木屋町東入ル橋本町109
サピエンス四条木屋町ビル7F
11:30〜15:00、18:00〜23:00
土・日曜、祝日11:30〜15:00、17:30〜23:00
火曜休

まるで南国気分
タイとバリの味を満喫

ゲーンキョウワーン（グリーンカレー）1080円。ココナッツミルクとハーブが香る

カオソーイ950円。濃厚なタイ式カレーラーメン

地域の隔たりのない世界の屋台料理を堪能

グリーンカレー900円。ココナッツミルクがまろやか

多国籍

魯肉飯定食972円。甘辛い味付けと八角の香りが食欲を刺激する

台湾好きの店主が現地の味を忠実に再現

稲穂食堂
いなほしょくどう／一乗寺

あらゆる国を旅してきた玲子さんの感性で作る、アレンジを利かせた世界の料理はどれも絶品。ソースやスープに独自性を持たせつつ、自ら畑で育てたハーブをたっぷり用いて仕上げるひと皿は、各国の外国人客からも支持を得る。

map P260-1D ☎ 075・702・7934
京都市左京区高野玉岡町33-4 Nature bldg2F
11:30〜15:00（LO/14:30）
18:00〜22:00（LO/21:30）　月曜休

台湾食堂 微風台南
たいわんしょくどう びふうたいなん／河原町丸太町

異国風の調度品に彩られた町家空間は、まるで台湾の古民家そのもの。現地のスパイスなどを用いて作る定番料理は、台湾人も「本場の味！」と絶賛するほど。あまりの再現力の高さに、ここが京都ということも忘れてしまいそう。

map P254-2D ☎ 075・211・9817
京都市上京区河原町通丸太町上ル桝屋町359
12:00〜15:00（LO/14:30）
18:00〜22:00（LO/21:30）　月曜、月1回火曜休

牛すじチヂミ900円は、牛すじとニラ、九条ねぎがたっぷり

プテチゲ2600円(2〜3人前)。スパムや野菜、韓国産の麺もたっぷり

キムチ盛合わせ900円。白菜・大根・キュウリ・タコチャなど5種

辛さの先に香りたつ
ダシの旨みが印象的

KoreanDining AYAN

コリアンダイニング アヤン／高辻大宮

韓国人のイさんと日本人の奥さんが営むアットホーム空間。無垢材や丸太を用いたやさしい雰囲気ながら、程良い辛さがクセになる韓国料理はどれも本格的。名物のプテチゲは牛のダシの旨みまで存分に感じられる。最後にごはんを入れて最後までスープの旨みを味わおう。

map P266-1B　070・4076・9670
京都市下京区坊門町832
11:30〜14:00(LO)、17:00〜22:30(LO)
水曜休(祝日の場合は営業)

韓国料理の聖地で
日韓合作ちぢみを

3300円〜のコース5種すべてにちぢみが登場。「王様」は海鮮、豚、もち入り

多国籍

元祖ちぢみの王様

がんそちぢみのおうさま／東九条

　京都駅南エリアの名店。店名に冠した名物は、表面をカリッと焼いたふわもち食感、お好み焼きとちぢみの間をとったような日韓友好的オリジナル生地が秀逸。具がたっぷり入った「王様」はぜひ味わいたい。

map P257-2A　☎ 075・672・6888
京都市南区東九条中殿田町11-3
17:00〜23:00（フードLO／22:00、ドリンクLO／22:30）
日曜、祝日休

豆腐チゲ定食1080円。サムゲタンなどの定食もあり

がっつりランチでも
ちょっと昼飲みでも

キムチのミズノ

キムチのミズノ／四条千本

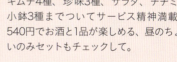

　母息子で営む韓国料理店。ランチの豆腐チゲ定食は、真っ赤なチゲのほか、キムチ4種、珍味3種、サラダ、チヂミ、小鉢3種までついてサービス精神満載。540円でお酒と1品が楽しめる、昼のちょいのみセットもチェックして。

map P266-1B　☎ 075・822・6327
京都市中京区壬生花井町23-5
11:30〜14:00（LO）
18:30〜22:30（LO／21:30）
火曜休

11 お皿に宇宙を
カレー×無限大

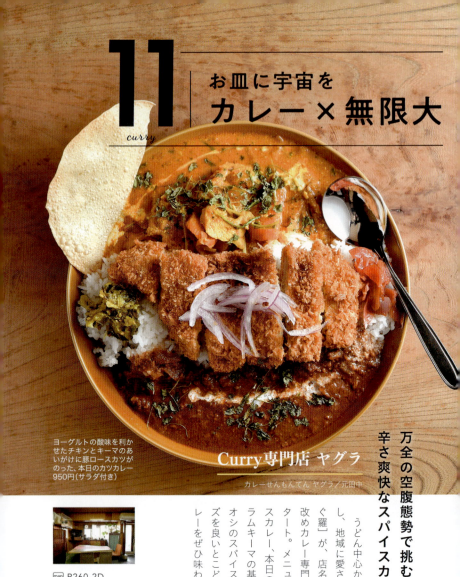

ヨーグルトの酸味を利かせたチキンとキーマのあいがけに豚ロースカツがのった、本日のカツカレー 950円(サラダ付き)

Curry専門店 ヤグラ
カレーせんもんてん ヤグラ／元田中

万全の空腹態勢で挑む辛さ爽快なスパイスカレー

うどん中心から献立を増やし、地域に愛された食堂[やぐ羅]が、店名をカタカナに改めカレー専門店としてリスタート。メニューは、スパイスカレー、本日のカツカレー、ラムキーマの基本3種。イチオシのスパイスとジャパニーズを良いとこどりしたカツカレーをぜひ味わって。

map P260-2D
☎ 075・781・4533
京都市左京区田中東春菜町11
12:00〜14:30
17:00〜20:00
水曜休

ムジャラ

ムジャラ／大宮高辻

インド料理をベースにしながらも、オリジナルにこだわるスパイスカレーは日替わり。共通しているのは、ホールスパイスをふんだんに使用すること。カレーはあいがけスタイルが人気で、何種類もの色鮮やかな総菜が名脇役となり、豪華な一皿だ。金曜の夜限定のビリヤニにも注目。

map P266-1B
☎ 080・9161・1191
京都市下京区高辻通大宮西入ル
坊門町832 イツワマンション1F
11:30〜※売り切れ次第終了
金曜11:30〜15:00、18:00〜21:00
水・日曜休、他不定休有

スパイス香る
ボリューム満点の一皿

豚バラ、鶏のキーマ、豆のカレーが盛り付けられた本日のカレー3種1400円。白米とバスマティライスの2種類を使用

カレー

丁寧に工程を重ねながら カレーという名の芸術

森林食堂

しんりんしょくどう／二条

ラムライスにカレーがけ1350円。オリジナルのごはんに日替わりで違うカレーを

JR二条駅から徒歩5分。閑静な住宅街に佇む小さなカレー店は、美大生だった店主・堀さんがカレーを通して描く、スパイスと食材のアートそのもの。亀岡の無農薬栽培のパクチーや自家製米を使い、あいがけしやすいオリジナルの皿にたっぷり盛られるカレーに夢中になること間違いなし。

 075・202・6665
map P264-2A
京都市中京区西ノ京内畑町24-4
11:30〜15:00 (LO/14:30)、18:00〜22:00 (LO/21:00)
※営業時間はHPで要確認　不定休

自然の造形美 × カレー
"不思議"を日常に

お皿やごはんまで真っ黒な隕石カレー900円。地球に落ちた時の衝撃や熱でできた黒い隕石のイメージ

ウサギノネドコ カフェ

ウサギノネドコ カフェ／西大路御池

1日1組限りの宿、オリジナルのプロダクトなどを扱う店、そして工夫を凝らしたスイーツやワインを提供するカフェが一体となった不思議な空間。黒一色のヴィジュアルに目を奪われる隕石カレーは、リンゴやキノコなどの甘みがあるキーマカレーで、後からじんわりスパイスが利いてくる。

map P264-3A ☎ 075・366・6668
京都市中京区西ノ京南原町37
11:30〜20:00 (LO／19:00) 木曜休

ココナッツ炒めなどのおかずが付く。南インド定食 ベジミールス1200円

山食音

やましょくおん／河原町今出川

山・食・音楽好きが集う街中の隠れ家的空間

ヴィーガン料理を提供する[PLANT LAB]と、ハイカーの視点を大切にしたアウトドアメーカー[山と道]が共同運営する、隠れ家のような空間の店。南インドミールスをはじめ、野菜と豆、穀物のみを使ったやさしいスパイス料理に出合える。

map P261-3B 無
京都市上京区河原町通今出川下ル梶井町448-13
清和ビル2F-A
12:00〜15:00、18:00〜20:30
火・水曜休、他不定休有

160

太陽カレー

たいようカレー／西院

ワインと良く合うカレー専門店の店主は、ソムリエの資格を持つ背戸さん。お米にはシャルドネの白ワインを入れて炊き、ルゥには赤ワインを入れてその日の分を煮込む。さらに京都大原の契約農家から有機栽培中心の旬の野菜を仕入れるなど、こだわりが随所に利いた一皿をぜひ。

 P266-1A ☎ 075・311・0011
京都市中京区壬生西土居ノ内町19 ボイスビル2F
11:00〜14:00(LO) ※売り切れ次第終了
日曜、祝日休、他不定休有
※小学生未満は入店不可

味も見た目も贅沢な
本日のデラックスカレー＋野菜トッピング
1150円〜

ソムリエが奏でる、
ワインとカレーの協奏

胡麻油の名店が作る
野菜たっぷりのスープカレー

山田カリー

やまだカリー／桂

　良質な胡麻油を作り続ける[山田製油]が手掛けるスープカレー専門店が、毎週水曜日の昼のみ営業。ごまらぁ油を作る過程でできる八角や山椒などのペースト、和だしを加えて、野菜の旨みもたっぷりのさらりとした印象のスープが美味。

map P267-2A　☎ 075・381・3666
京都市西京区桂巽町4 ピッコロモンド・ヤマダ内
11:00～15:00(LO)　水曜のみ営業

スパイスペーストと野菜を炒め、3日間寝かせて完成する、山田カリー1200円

人気店のカレーを
さらに美味しく

生姜と押し麦入りのライスにスパイスたっぷり
の京鴨カレー1000円

CURRY PLANT

カレー プラント／錦西洞院

京都の旬の食材を活かした料理で人気の［ORTO］の、カレーをメインとした姉妹店。定番の京鴨カレーと季節で異なる計3種を楽しめる。カレーに合うビールやシェリー酒もあり、サクッと食事、遅がけランチなど幅広く活用可能。

map P251-3B ☎ 075・200・9880
京都市中京区西錦小路町262-8
11:30〜20:30（LO）　月曜休、他不定休有

カレー

Spice Café HIDEAWAY

スパイス カフェ ハイドアウェイ／円町

フラワーショップの一角で営むカフェは、植物に囲まれて、まるで大人の秘密基地。カレーは、4種類のスパイスを使ったチキンカレーと、週替わりでキーマやシーフード、グリーンカレーなどを提供。2種類を楽しめるあいがけも人気。

map P264-2A ☎ 080・2421・9268
京都市中京区西ノ京御興岡町15-2
11:30〜14:00　木〜土曜のみ営業

香ばしく焼き上げたチキンが入ったサラダ付き
隠れ家チキンカレー1000円

秘密の大人の隠れ家で
自家製カレーを賞味する

本格インド料理を
京都に根付かせ31年
MUGHAL

ムガール／木屋町御池

　1987年創業の本格インド料理レストラン。最高級のバスマティライスを昼夜ともに提供し、3〜5種類のカレーが一度に味わえるランチ各種は一人でも仲間とでも気軽に味わえる。

map P247-1A
☎ 075・241・3777
京都市中京区木屋町通御池上ル上樵木町496
アイル竹嶋ビル2F
12:00〜15:00 (LO／14:30)
17:00〜23:00 (LO／22:00)　火曜休

選べるカレーが
嬉しいターリー
ランチBセット
1296円

本格的な南インド料理
ミールスを食べるならここ！
インド食堂 TADKA

インドしょくどう タルカ／押小路高倉

　野菜や豆を中心とした素材で、ヘルシーにスパイスの味や香りを楽しめる、南インドの定食・ミールスが人気の店。その時の材料に合わせたスパイスの調合がいつも新鮮！

map P254-3C
☎ 075・212・8872
京都市中京区押小路通高倉西入ル左京町138
12:00〜14:00 (LO／14:00)
18:00〜22:00 (LO／21:00)
日・月曜休

5種類のカレー
が味わえるスペ
シャルミールス
1450円

THEME バーの夜カレー

お酒を愛する人への
オマージュを一皿に

今宵のカレーは山椒が香る鱧、骨付きチキンレモンなど4種類。カレー1500円※カレーのみのオーダーは不可

BAR CHAOS

バー カオス／河原町三条

妖艶な炎がゆれるキャンドルや自家製ジンのボトルが並ぶバーカウンター。季節のフルーツとハーブ・スパイスを漬け込んだ自家製ジンのカクテルを楽しんだ後に、店主渾身のスリランカスタイルのカレーをぜひ。悔いないクオリティに思わずお腹が鳴ること間違い無し。バーのため、カレーのみのオーダーは不可。

map P247-2A
☎ 075・256・0233
京都市中京区河原町通三条下ル2丁目東入ル
北車屋町267-1 サキゾーBAR北ビル2F
20:00～翌2:00
※カレーは売り切れ次第終了
不定休

カレー

肉好きが通いたくなる
上質でボリューム満点の肉丼

京都 肉食堂

きょうと にくしょくどう／四条堀川

map P251-3A　☎ 075・754・8282
京都市下京区柏屋町25
11:45〜14:30、17:00〜21:00
不定休

　お肉をもっと気軽に味わえるように、焼き肉店［益市］が食堂スタイルの店をオープン。ボリューム満点の焼肉丼や一番人気の炭火バラ焼重680円など、焼き肉店ならではの上質なお肉を惜しみなく使用している。

秘伝のタレで
味付けした肉
がたっぷり。
焼肉丼780円

12
don

お腹いっぱい
満足丼

分厚くカットされた
ジューシーな肉を頬張る至福

DON FREAK 五条御前

ドン フリーク ごじょうおんまえ／丹波口

　吟味した食材で真心込めて仕上げる、ボリュームも味も大満足の丼や定食が揃う。国産黒毛和牛を使い、脂の甘みを引き立てる醤油ベースのタレと相性抜群。肉の旨みにそそられ、自然とごはんが進んでしまう。夜はお酒と単品メニューも。

自家製の赤ダレで味わう
スタミナ肉丼800円

map P266-2A　☎ 050・3700・2941
京都市下京区西七条赤社町32
11:00〜14:30(LO)、18:00〜21:00(LO/20:45)
土曜、祝日はランチ営業のみ
日曜休

我豚

わがぶた／大宮仏光寺

　厚切り豚肉の帯広風豚丼やタジン鍋の豚モヤシなど、京都のもち豚を使ったボリューム満点の定食が味わえる豚肉専門定食店。丼はミニから特大まで4サイズあるので、お腹の具合と相談して心ゆくまで味わいたい。

名物の帯広風豚丼780円（大サイズ）（定食変更+250円）

map P266-1B
☎ 075・365・3088（三里舞味）
京都市下京区大宮通仏光寺下ル五坊大宮町72-3 ミヤケビル2F
11:30〜15:00(LO)
17:30〜21:00(LO)※売り切れ次第終了
不定休

にんにく豚丼の肉増しごはん大盛り940円

ニンニクがたっぷり利いた
こぼれ落ちそうな豚丼

にんにく豚丼 京都西浦

にんにくぶたどん きょうとにしうら／深草

　大食い男子からも支持を受ける豪快な一杯が話題の豚丼店。最初はそのまま、途中から生卵をかけて味の変化を楽しみながら食べ進めて。ごはんが大盛りでも無料、それでも我慢できない人はスーパージャンク丼1000円がおすすめ。

map P269-1B
☎ 075・756・4968
京都市伏見区深草西浦町2-90
11:30〜15:00、18:00〜22:00
不定休

上質なマグロが勢揃い
専門店の豪快な丼

MAGURO GARAGE

マグロ ガレージ／伏見桃山

　黒門市場で魚を扱っていた経験のある店主が、信頼できる商社から直接仕入れることで上質なマグロが手頃な価格で味わえる店。専門店ならではのバラエティ豊かな丼が揃い、好みのネタ2種が選べるハーフ&ハーフも嬉しい。

map P269-3B　☎ 075・201・4929

京都市伏見区東町205
11:00〜15:00(LO)
金〜日曜11:00〜14:30(LO)
17:30〜21:00(LO/20:30)
火曜休、他不定休有

中トロと赤身、炙りなど豪快に盛り付けた特上本まぐろ丼1400円

自家製漬けタレが堪らない
自慢のマグロを味わう

魚問屋ととや

うおどんやととや／七条新千本

自家製の漬けタレに漬けたマグロの赤身と九条ねぎをたっぷり。ねぎまぐ丼700円

　京都市中央市場の仲卸業者直営の店。そのため、店頭には破格の値段で新鮮なマグロがずらりと並ぶ。さらにイートインスペースでは、ねぎまぐ丼や中とろ丼915円など新鮮なマグロをその場で味わえるのも嬉しい。

map P266-2B　☎ 075・315・1921

京都市下京区朱雀北ノ口町64
11:00〜15:00(LO/14:30)※店頭販売は10:30〜18:00
水曜不定休、日曜、祝日休

とり安

とりやす／烏丸押小路

創業120年以上の老舗鶏肉店による食事処。旨み溢れる朝引きの若鳥が味わえることで知られ、なかでもダシが香る卵がたっぷりとかかったジューシーなからあげ丼が人気。

map P255-3B ☎ 075・241・0456
京都市中京区烏丸通押小路上ル秋野々町534
11:30〜14:00（LO／13:45）
17:00〜20:00（LO／19:30）
※中学生以下は入店不可　※売り切れ次第終了
木・土・日曜、祝日休

老舗鶏肉店の
ふわトロなからあげ丼

卵の下に大きな唐揚げがごろごろ入ったからあげ丼880円

天麩羅 かふう

てんぷら かふう／百万遍

京都大学と吉田神社に囲まれた場所にある、てんぷら専門店。3種のブレンド油でさくさくに揚げられた天ぷらをキリッとしたタレが引き締める、みっくす天丼や大海老3匹がのった海老天丼などが人気。

map P259-1B ☎ 075・761・9060
京都市左京区吉田二本松町54-7
11:30〜14:00※売り切れ次第終了
17:00〜20:30（LO／20:00）　日・月曜休

ランチ限定で
三大天ぷらを豪快に

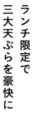

海老、穴子などが豪快にのったみっくす天丼1080円
※昼のみ

京のじどり屋 晃

きょうのじどりや あき／御幸町錦

錦市場にほど近く、街中で働く人々からも支持される人気の店。昼はチキン南蛮や炭火焼のとり重などの鶏料理が〜1500円ほどで揃い、夜は京赤地どりを中心に、種類豊富な日本酒などが楽しめる。

map P250-3D ☎ 075・746・2366
京都市中京区御幸町通錦小路上ル船屋町398
12:00〜14:30（LO／14:00）
17:00〜23:00（LO／22:30）
土・日曜、祝日〜15:00（LO／14:30）　水曜休
card

地鶏を使った
種類豊富な鶏ランチを

とろりと仕上げた濃厚な京赤地どりの絶品親子丼970円

13 | 名店揃いの うどん・そば

udon soba

○ 野菜天ぶっかけ850円

並々ならぬ探究心が
他にはない食感を実現

自家製うどん さんたく

じかせいうどん さんたく／円町

讃岐うどんの大型店に勤めながら、休日は尊敬するうどん店で修業を積んだ店主・大石さん。どこまでもひたむきな姿勢から生まれた自家製麺は、香川県産小麦粉を100％使用し、圧力鍋を使うことでモッチリ独特の食感に。甘めのダシ、サクサクの天ぷらと、隅々に至るまで丁寧な仕事を感じる。

map P265-2B
☎ 075・821・8822
京都市中京区
西ノ京小堀池町7-3
11:00～15:00
金・土曜11:00～15:00
17:30～20:30 (LO)
※麺が無くなり次第終了
木曜休、他不定休有

季節野菜の恵みと彩りを
自慢の自家製麺に添えて

うどん・そば

冷七菜 1080円

一麦七菜
いちばくななさい／紫野

しっかりと練った小麦粉を1週間熟成。讃岐より細いモチモチ食感の自家製うどんを、カウンター横の工房で製麺する。神奈川・平塚から京都へ移転し、季節を感じる野菜が嬉しい冷七麺をはじめ、水上げわさびなどの創作メニューが味わえる。うどんの美味しさはもちろんのこと、野菜の旨みに感動するはず。

map P263-2B
☎ 075・431・4970
京都市北区紫野
下若草町32-3
月・水〜日曜
11:30〜15:00(LO)
金・土・日曜
17:00〜20:30(LO)
火曜、第2・4水曜休

一晩熟成の本格麺と創作料理を目当てに

しょうゆのかきあげうどん 940円

うどんや ぼの

うどんや ぼの／下鴨

香川の製粉工場直送の小麦粉を夜に打ち、一晩熟成させた麺は本場さながらのコシとのど越しのよさ。イタリアンの経験を持つ店主の創作うどんや夜に登場する一品も楽しみ。

map P261-2B
☎ 075・202・5165
京都市左京区下鴨松ノ木町59
11:00〜14:00(LO)
17:30〜20:30(LO)
※麺が無くなり次第終了
木曜、第1・3水曜休

食材の宝庫・丹後のあらゆる味覚を提供

ざるうどんと名物ばらずしの定食 1134円

うどん 松太郎

うどん まつたろう／紫竹

京丹後の老舗日本料理店［とり松］初代が提供していたうどんを復刻し、看板メニューに据えて開いた姉妹店。宮津の煮干しでとったダシを使ううどんのほか、郷土料理のばらずしなど丹後の味覚が味わえる。

map P263-1B
☎ 075・432・7102
京都市北区大宮通今宮下ル
紫竹西高縄町4
11:00〜15:00(LO/14:30)
月曜休(祝日の場合は翌日)

もっちりやわらか食感
熟成させる個性的な麺

大河盛ぶっかけ 1130円

本格手打うどん 大河

ほんかくてうちうどん たいが／深草

讃岐うどんの名店［池上製麺所］で修業を積んだ店主が手掛けるのが、水分量を多めにして熟成させた麺。注文ごとに麺を打つので少々時間はかかるが、打ちたて茹でたては格別！

map P269-1B
☎ 075・641・4877
京都市伏見区深草西浦町7-45-1
11:30～15:00（LO／14:30）、18:00～21:00
土・日曜、祝日11:30～15:30（LO／15:00）、18:00～21:00
月曜夜、火曜休（祝日の場合は営業）

うどん・そば

弾けんばかりのコシ
口の中に味の福来たる！

桜島鶏ささみ天おろしうどん 830円

手打ちうどん 福来たる

てうちうどん ふくきたる／伏見

その日の気温や微妙な湿度に合わせて塩や水加減を調整し、何度も足踏みすることで、熟成された麺を実現。黒毛和牛や大和芋など、多彩で自由自在なトッピングも楽しんで。

map P269-2B ☎ 075・641・6663
京都市伏見区深草柴田屋敷町76
11:00～15:00（LO／14:30）
17:30～22:00（LO／21:30）　水曜休

ダシが香るカレー汁を
一滴残さず味わおう

下鴨しみず うどん・どんぶり わだ

しもがもしみず うどん・どんぶり わだ／一乗寺

　修業を積んだ下鴨［しみず］のレシピに忠実に、昆布と鰹でしっかりダシを取ったカレーうどんが名物。独自でカレーを調合し、13種の多彩なカレーうどんを展開する。〆にごはんを加えてカレー雑炊風にするのも楽しみ。

カレーとりとじうどん 820円

📍 P260-1D
☎ 075・702・3763
京都市左京区一乗寺西杉ノ宮町15-2
11:00〜15:00、17:30〜20:30
土・日曜、祝日11:00〜20:30
月曜休(祝日の場合は翌日)

カレーの海に浮かぶ
謎の物体に興味津々

饂飩・旬食酒家 えいじ

うどん・しゅんしょくしゅか えいじ／川端三条

　香りよいカレーダシの真ん中にぽっかり浮かぶのはおばけ、ではなく湯葉。ひとたび箸を入れれば、自家製うどん、餅、生麩、海老の天ぷらなど、想像以上の具が顔を出す驚きのメニュー。卵やチーズ入りのカレーうどんおばQも人気。

カレーうどんおばけ 1166円

📍 P247-2B
☎ 075・752・1163
京都市左京区川端通三条上ル法林寺門前町36-4
11:30〜14:00(LO)
17:30〜21:30(LO)
火曜休

老舗うどん店の味を継承
京カレーうどんならここ

お多やん

おたやん／銀閣寺

　下鴨の老舗うどん店の味を受け継ぐ京カレーうどんの店。祇園の料亭と同じ最高級のダシはカレーと相性がよく、卵やチーズのトッピングでマイルドな味も楽しめる。

map P258-1D
☎ 075・275・4974
京都市左京区浄土寺西田町72-3
11:00〜16:00
17:00〜23:00(LO／22:00)
水曜休

釜玉カレー鳥きつねうどん 830円

うどん・そば

濃厚ダシに細麺が合う
鰹の旨みが絶妙なうどん

辨慶 西京極本店

べんけい にしきょうごくほんてん／西京極

　7種の鰹を合わせた風味豊かなダシが人気の老舗。甘きつねとピリ辛のきんぴらが入るべんけいうどんは不動の看板メニュー。すべての麺をそばと中華麺に変更できるのも嬉しい。

map P267-1B
☎ 075・313・5464
京都市右京区西京極東大丸町16
火〜木曜11:30〜翌1:00
金・土曜11:30〜翌3:00
日曜、祝日11:30〜23:00※売り切れ次第終了
月曜休(祝日の場合は翌日)

にくカレーうどん 930円

カウンター席で味わう
のど越しの良い自家製粉蕎麦
もうやん

もうやん／押小路車屋町

　北山の蕎麦創作料理店が街中に移転。店主との会話も楽しめるカウンターのみに。自家製粉する蕎麦の殻が入った穀物らしい強い風味の田舎十割もりも人気。夜にはそば豆腐やおばんざいなど一品もあり。

にしん茄子おろしそば 1200円

map P255-3B　☎ 075・251・0777
京都市中京区押小路通車屋町東入ル西押小路町110-3
11:00～14:00、17:30～20:00（入店）
水曜休

太めの麺にお肉たっぷり
新感覚の蕎麦専門店
蕎麦ヒハマタノボル

そばヒハマタノボル／伏見

　伏見の人気ラーメン店［陽はまた昇る］の2号店。「お腹いっぱいになる蕎麦を」と、豚肉がたっぷりのったボリューム満点の肉蕎麦を提供する。自家製の太めの麺に、ラー油入りのピリ辛のつゆが好相性！鶏汁蕎麦も人気。

肉蕎麦（並）870円

map P269-1B　☎ 075・642・3113
京都市伏見区深草野田町8-3
11:00～15:00（LO）
木曜休

蕎麦好きが唸る味 無双の河内鴨がここに！

二八そばの河内鴨せいろ 1480円

自家製粉のそば粉と 天然水で打つ九割そば

黄身冷そば とろろ 980円

弾むような食感と 噛むほどに溢れる滋味

もりそば 850円

蕎麦酒房 櫟

そばしゅぼう いちい／北野白梅町

　知る人ぞ知る河内鴨を扱う蕎麦処。店主の櫟原さんが毎朝手打ちする二八そばは、淡いグリーンを帯びて美しい鴨肉のジューシーさと相性ぴったり。2Fは座敷なので子ども連れでも嬉しい。

map P263-2A　☎ 075・286・8286
京都市北区平野宮西町62
11:00〜14:00(LO)、18:00〜21:00(LO／20:30)
木曜休

石臼挽き手打ちそば処 Müller

いしうすびきてうちそばどころ ミュラー／上鳥羽

　伏見で人気を集めた店が上鳥羽に移転。福井県丸岡産や北海道産のそばの実を店内の石臼で製粉して極細に仕上げる九割そばは、食感と風味、のど越しの良さが絶妙。夜限定のそばがきも人気。

map P269-1A　☎ 075・682・6362
京都市南区上鳥羽鍋ケ淵町8-2
11:30〜14:00、17:30〜21:00(予約のみ)
月〜水曜、日曜夜休

そば 酒 まつもと

そば さけ まつもと／裏寺

　そばと日本酒へ愛情を注ぐ店主が営む店。国内産のそばを、毎日出す分だけ石臼で挽いた細切りのそばは、噛み締めるほどに豊かな風味が口の中に広がる。地酒と一品もぜひ。

map P247-3A　☎ 075・256・5053
京都市中京区中之町577
12:00〜14:00(LO／13:30)
16:00〜23:00※売り切れ次第終了　火曜休

抹茶の風味たっぷりな
体にやさしい自家製麺

六条 招福亭

ろくじょう しょうふくてい／六条新町

　創業80年余を迎える老舗のそば屋が旧店舗の真向かいに移転リニューアル。国産の更科そばを使用した体にやさしい自家製麺に、たっぷりの抹茶が練りこまれた自慢の茶そばを堪能しよう。京都産のねぎや宮崎の豚肉など厳選素材を使用。

map P257-1A　☎ 075・351・6111
京都市下京区新町通六条上ル艮町894
11:00〜20:00 (LO/19:50)
不定休

かやくごはんとそばのセット 710円

祇園を代表する名物ビルで
「飾・憩・食」を堪能

ぎおん石

ぎおんいし／祇園

　1Fは石の専門店、2Fは喫茶室、3Fはそば処、4Fはギャラリーとフロアごとに設けられた店舗。そば処では、道南産の真昆布と鰹のダシに、京都らしい繊細な極細そばが楽しめる。

map P248-1C　☎ 075・561・2458
京都市東山区祇園町南側555
1F／10:00〜21:00
2F・3F／11:00〜20:00 (LO/19:30)
1F・2F／不定休　3F／水曜休
※4Fは展示がある時のみ営業

天ざる 1300円

手打ち 花もも

てうち はなもも／丸太町麩屋町

鮮度と香りにこだわる通好みの食感が魅力

田舎そば 770円

御所南の一軒家を改装したそば処。殻付きで仕入れるそばの実は、必要な分だけ石臼で挽いて手打ちすることで香りと甘みが際立つ仕上がりに。二八そばや季節のそばもおすすめ。

map P254-2C ☎ 075・212・7787
京都市中京区丸太町通麩屋町西入ル昆布屋町398
11:00〜18:30※売り切れ次第終了
月曜・第4日曜休(祝日の場合は営業)

西なか

にしなか／千本丸太町

浅草の店で修業した熟練の職人技

もりそば 900円

10年以上修業した浅草を離れ、京都で店を構えた主人が提供するのは、甘皮を除いた粉のやさしい香りとほのかな甘さ、鰹の旨みを効かせたつゆとのバランスが絶妙なそば。

map P264-2A ☎ 075・841・1851
京都市中京区聚楽廻東町2-9
11:30〜14:00、17:00〜20:00(LO／19:40)
日曜、祝日休

蕎麦 ろうじな

そば ろうじな／夷川寺町

旨いそばをジャズが流れる大人空間で堪能する

もりそば 880円

ジャズが流れる落ち着いた大人のそば処。[割烹 なかじん]で修業を積んだ店主による十勝そばを、その日の分だけ削る枕崎産の鰹節を使ったつゆや塩でシンプルに味わって。

map P254-3D ☎ 075・286・9242
京都市中京区夷川通寺町西入ル丸屋町691
11:30〜14:30(LO／14:00)
17:30〜20:30(LO／20:00)※売り切れ次第終了
月曜休

たっぷりのモツと食感が楽しめるごぼうや揚げた豆腐など。京もつ鍋1人前1700円〜

14
nabe

今夜は鍋が食べたい!

マイルドな京風鍋
町家で上質ホルモンを

京もつ鍋 兎ニモ角ニモ

きょうもつなべ とニモかくニモ／丸太町富小路

御所の南で落ち着いた佇まいを見せる、町家のもつ鍋料理専門店。北海道の牧場から直送されるホルモンを使用し、野菜や生麩などヘルシーな具材もたっぷり。スープはダシをベースに白味噌と醤油味の2種類から選べる。〆にはチーズたっぷりのチーズリゾットで最後まで楽しめる。

map P254-2C
☎ 075・606・5268
京都市中京区丸太町通富小路角枡屋町337
17:00〜23:00 (LO／22:30)
不定休

ピリ辛スープで
ジャガイモやねぎ
を煮込む、韓国定
番の味 チャグル
チャグル鍋 2人前
3000円〜

名物鍋はピリ辛スープ
韓国の定番の味を堪能

韓国の鍋専門店 チャグルチャグル

かんこくのなべせんもんてん チャグルチャグル／河原町竹屋町

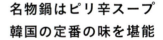

人気の韓国料理店[ピニョ食堂]が展開する3号店。辛旨スープが堪らない鍋料理がメイン。豚肉とジャガイモをピリ辛のスープで煮込んだチャグルチャグル鍋をはじめ、イイダコ＆豚バラの炒め煮や一品メニューも充実。実はこちらでも1Fのナグネコプテギの焼き肉が食べられるのも嬉しい。

map P254-3D
☎ 075・746・5289
京都市中京区河原町通竹屋町上ル
大文字町242-5 2F
17:00〜23:00 (LO／22:00)
無休

鶏の旨みが凝縮した
滋養溢れる韓国鍋

韓屋 具っさんとこ

かんや ぐっさんとこ／富小路五条

　店主の具さんが家庭で親しんだ味をベースにした、ホッと落ち着くメニューが並ぶ。一番人気のタッカンマリは、塩のみのシンプルな味付けゆえに、鶏の旨みをダイレクトに感じられ、スープはすべて飲み干せるほど美味。

map P252-3D
☎ 075・744・1787
京都市下京区富小路通五条上ル本神明町406
11:30～14:30 (LO/14:00)
17:30～23:00 (LO/22:30)
木曜休、他不定休有

やわらかく煮込んだ鶏が美味しいタッカンマリ2600円（2～3人前）～

美容と旨みの宝庫
国産すっぽんを食す

ツバクロ すっぽん食堂

ツバクロ すっぽんしょくどう／木屋町三条

　高級食材と思われがちなすっぽんを気軽に味わって欲しいとリーズナブルに提供。長崎から仕入れ生きたまま捌くことで、驚くほど臭みがなく強い旨みを誇る。定番の丸鍋をはじめ、唐揚げや天ぷらなどメニューも多彩。

map P247-1A
☎ 075・251・0234
京都市中京区木屋町通三条上ル上大阪町516
キヤマチジャンクションビル4F
17:00～24:00　不定休

厚切りの佐賀牛をすっぽんのダシでいただく贅沢なしゃぶしゃぶ。茶碗蒸しに唐揚げ、雑炊、デザート付きで7000円

上ラムジンギスカンセット1人前 1480円(税別)。モヤシもたっぷり！

じわじわ人気上昇中
ヘルシーな羊肉を堪能

ひつじ食堂

ひつじしょくどう／蛸薬師柳馬場

　街中のジンギスカン専門店。羊のなかでも生後1年未満のラムを使用したジンギスカンは、匂いもなく食べやすいと女性にも好評だ。1人前セットもあるので、ラムの生ハムなどとともにカウンターで味わいたい。

map P250-3D
☎ 075・744・0559
京都市中京区蛸薬師通柳馬場西入ル
十文字町432-7-2
17:00〜23:00（LO／22:30）
火曜休

鴨鍋3888円(1人前)。醤油仕立てのスープに鴨の旨みがとろけ出す

鴨を知り尽くす専門店の
新たな展開も待ち遠しい

鴨 みつふじ

かも みつふじ／夷川富小路

　鴨好きのオーナーが営む鴨料理の専門店。丹波産の合鴨を王道の鴨鍋、しゃぶしゃぶ、すき焼きなど多彩なスタイルで楽しめる。また、鴨の燻製や鴨肉の煮込みなど、新たなメニューも考案中。さらなる鴨の魅力にハマりそう。

map P254-3C
☎ 075・256・1158
京都市中京区夷川通富小路西入ル俵屋町299
17:00〜22:00（入店／21:00）
月曜休

鍋

15 ソースの香り漂う 粉もん
konamon

焼きそばプレーン756円、トッピング108円〜。写真は豚バラ、大葉、エビのせ

クセのない国産ホソを使用し、たっぷりのねぎをのせたモツレツ918円

お好み・鉄板 二六
おこのみ・てっぱん にろく／木屋町

大阪仕込みの本場の味 自慢は生麺焼きそば!

大阪の人気店で腕を磨いた店主が独自の工夫を凝らして作るお好み焼き店。鰹と昆布のダシたっぷりのトロトロ食感のお好み焼きや、もちもちの生麺で作る焼きそばに思わず驚くはず。居酒屋メニューも豊富に揃い、深夜3時までの営業なので遅がけにも使いやすいのが嬉しい。

map P247-2A
☎ 075・211・2229
京都市中京区南車屋町288
京都ロイヤルビル1F
18:00〜翌3:00 (LO／翌2:00)
火曜休

ダシの香りが食欲をそそる自慢のふわふわ生地

すじの甘みがアクセントの豚すじの広島焼き961円。麺はうどんかそばを選べるのが嬉しい

粉もん

お好み焼・もんじゃ焼 とんちんかん

おこのみやき もんじゃやき とんちんかん／六角河原町

とろとろに溶けた餅とチーズ、辛めの明太子がマッチした一番人気のとんちんかんもんじゃ1058円。心地よい食感とおこげが癖になる

口の中でほどけていくようなやわらかさのお好み焼きをはじめ、ベタ焼きや京都では数少ないもんじゃ焼きも充実する粉もんの老舗。なかでもおこげが香ばしいとんちんかんもんじゃ1058円は、チーズ、餅、明太子が絡み合い根強い人気を誇る。一品料理も揃うので居酒屋使いにもぴったり。

map P247-2A
☎ 075・211・2326
京都市中京区六角通河原町西入ル松ケ枝町464 大文字ビル3F
11:30〜22:30 (LO／22:00)
不定休

京風アレンジが新鮮
アツアツとろ〜り！

わたたんオリジナルもんじゃ 京野菜1080円。旬の京野菜がたくさん

もんじゃダイニング わたたん京都錦店

もんじゃダイニング わたたんきょうとにしきてん／錦東洞院

東京・浅草仕込みの技と京都らしい味わいがマッチしたもんじゃダイニング。ダシの香りがよく利いたもんじゃ焼きに、京野菜がよく合う。イタリアン風のバジルトマトや、明太もち〜ずなど、種類も豊富だから、グループ利用で数種オーダーするのがおすすめ。錦市場すぐというロケーションも魅力。

map P250-3C
☎ 075・212・6305
京都市中京区東洞院通錦小路北東角
元竹田町651 藤川ビル3F
11:30〜15:00
17:00〜24:00(LO／23:00)
不定休

ふわふわの新食感
ヘルシーなお好み焼きを

鉄板ダイニング まんまる

てっぱんダイニング まんまる／四条大和大路

　自家製の豆冨（とうふ）がごろっと入った、オリジナルのまんまる焼きが看板メニュー。水の代わりに豆乳を使用し、他にはないふかふかの食感を実現。牛すじ焼きそばなどの一品メニューも充実し、カウンター席もあるので1人客でも行きやすいのが嬉しい。

map P247-3B
☎ 075・748・1317
京都市東山区大和大路通四条上ル常盤町149
12:00〜23:00 (LO/22:00)　月曜休

自家製豆冨のまんまる焼き1209円。豆冨が中に入った新食感

粉もん

たこ焼 京の華 京都河原町店

たこやき きょうのはな きょうとかわらまちてん／河原町四条

自分で焼くから
わいわい盛り上がる

　自分で食材を選んで、自分でたこ焼きをつくれる、盛り上がり必至の居酒屋。西京味噌、カレーなど、5種類の生地に、鴨スモークやキムチなどの具を合わせれば何通りも楽しめる。お店だから、もちろん後片付けの心配もなし！

map P247-3A　☎ 075・221・8087
京都市中京区下大阪町349-6 イシズミビルB1F
17:00〜24:00 (LO/23:00)
不定休

えびたこほたて焼きセット896円(15個)。
桜エビトッピングは＋54円

おいしい パン＆コーヒー

16 bread | 毎日食べたい！パン

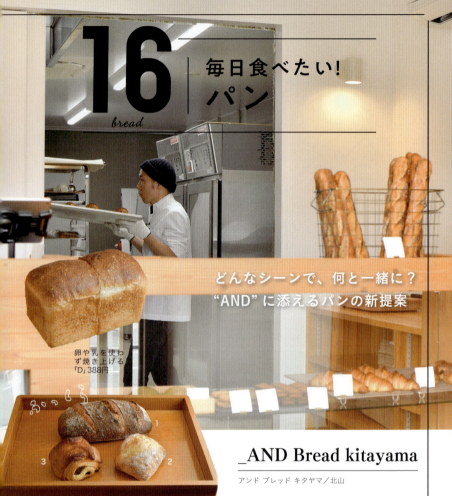

どんなシーンで、何と一緒に？
"AND"に添えるパンの新提案

卵や乳を使わず焼き上げる「D」388円

1. 小麦の力強い香りが広がる全粒粉パン「5」432円
2. ムチムチ食感のチャバタ「3」140円
3. ハラリとほどけるパンオショコラ「15」259円

_AND Bread kitayama

アンド ブレッド キタヤマ／北山

　食パン3種には［A］［N］［D］のアルファベット、そのほかのパンや焼き菓子には［18］までの数字カードのみで、パン名はどこにもない。そんな不思議さは、店主の「お客様とパンについて色々とお話するきっかけになれば」という想いから。パンだけでなく接客への情熱も伝わる店に出掛けてみよう。

map P262-3B
☎ 075・746・2223
京都市北区上賀茂
高縄手町88-3
7:00〜17:00
金曜休　イートイン不可

Boulangerie YAMAZAKI

ブーランジュリー ヤマザキ／西京極

　葛野大路通りから見える深いブルーの外観で、扉を開けると明るいオレンジ色の壁に囲まれたおしゃれな店内が。百貨店のベーカリーなどで経験を積んだシェフの山﨑さんがソースもカレーもすべて手作りし、日々60〜70種のパンを焼き上げる。生地にもフィリングにも手間ひまを掛けた、秀作パンをぜひ。

map P267-1B
☎ 075・285・1234
京都市右京区西京極野田町59-1
7:00〜18:00※売り切れ次第終了
日・月曜休　イートイン不可

眺めて幸せ、食べて幸せ
いい顔の秀作パンが並ぶ店

パン

クルミとクランベリーのハニーチーズサンド259円

チョコレートクリーム満載のショコラベリー270円

白壁に木の屋根が
おうちを思わす店

おうちぱん

おうちぱん／堀川商店街

　店名は、食卓に毎日ある"家のパン"であるようにとネーミング。約40種のパンが端正に並べられ、少し小ぶりで愛らしいのが特徴の一つ。色んな種類を食べたい派の店主の思いを反映したサイズとリーズナブルさが嬉しい。

map P255-1A
☎ 075・285・2851
京都市上京区堀川通上長者町
下ル奈良物町477
9:00〜19:00
日曜、第2・4月曜休
イートイン不可

小麦粉数種を独自にブレンドするクロワッサン 194円

外はカリカリ中はふわふわのメロンパン 140円

サクサク

底にもクッキー生地を使ったMAIめろんぱん162円

人気の夜パンが
昼パンとして再スタート

MAIPAN

マイパン／常盤

　以前は夕方からの営業で親しまれていた店主・MAIさんの店が、育児と両立して今はお昼からの営業に。小さな子ども連れの常連さんも多く、アレルギーを考えて卵や乳製品を使わず焼き上げる、湯種食パンのファンも多い。

バジルソースで和えた野菜の上に蓮根をオン。蓮根ぱん 205円

map P265-2A
☎ 無
京都市右京区太秦青木ヶ原町6-10
9:00〜17:00※売り切れ次第終了
月・水・金曜のみ営業
イートイン不可

手間ひま掛けたパンと芳醇な珈琲で寛ぎの時を

喫茶とパン do.

きっさとパン ドゥ／白川今出川

　夫婦で営む喫茶とパンの店。大きな1枚板のカウンターが印象的な温もり溢れる店内では、店頭に並ぶ約30種類のパンやモーニング、ランチが味わえる。パンに合うよう特注した、オリジナルブレンドと一緒にゆっくり寛いで。

map P258-1D
☎ 075・746・2301
京都市左京区北白川東久保田町10-1
7:00～18:00
月曜休　イートイン可

まぁるい

1. 長時間発酵させている自信作のバゲット250円
2. 特注の粗挽き牛肉たっぷりのカレーパン260円
3. 食パン生地をまるめたほんのり甘い丸パン100円

どこにもない新しいパンの世界を

セイジツベーカリー

セイジツベーカリー／山科

　黒の看板に白文字の男前な看板が印象的。断トツ人気は塩パンながら、外がパリッとしたチーズソースの明太フォンデュや独創的な塩みるくフランスパンなど、店主のオリジナリティ溢れるパンがたくさん並んでいる。

map P268-2B
☎ 075・748・7300
京都市山科区四ノ宮神田町19
9:00～20:00
水曜休　イートイン不可
※テラス席有

ふ か ふ か

おやつにもぴったりな、しあわせのバナナパン529円

また食べたくなる
素朴な美味しさ
ベーカリー でんしゃ通り

ベーカリー でんしゃどおり／蚕ノ社

　店名の通り、嵐電が走る三条通沿いのベーカリー。店主の平良さんが作るレーズンから起こした酵母を使うバゲット、自家製のマヨネーズやカスタードが入ったパンなどは、シンプルながらもついリピートしたくなるものばかり。

12時間以上発酵させる
レトロバゲット230円

ハード系パンのめんたいフランス160円

map P265-2A
☎ 075・406・5090
京都市右京区太秦森ヶ前町17-5
8:00〜18:00　日曜、第2・4月曜休、他不定休有
イートイン不可

丁寧に作るパンを
驚きの手頃な価格で
番長のパンがかり

ばんちょうのパンがかり／常盤

求肥も入った西尾抹茶のもっちりクリーム108円

人気のクルミレーズンクリームチーズ108円

　「毎日、気軽に食べられるパンを」と、ほとんどのパンが108円という驚きの価格設定。低温長時間熟成させた生地を焼き上げるハード系をはじめ、自家製の天然酵母パンも108円からというお手頃価格で人気だ。

map P265-2A
☎ 075・864・8538
京都市右京区太秦北路町29-3
ファースト常盤野1F
7:00〜19:00　日曜休　イートイン可

個性的なパンがズラリ
店内で淹れたて珈琲も

Cheer Up!

チア アップ／岡崎

カスタード入り
のクロワッサ
ン バナナ仕立て
172円

香ばしいベーグ
ル アーモンド
キャラメル194円

　白木に白壁の明るい雰囲気の店内で、イートインも可能なベーカリー。国産小麦と自家製酵母を活かした、もっちりとした食感のベーグル13種をはじめ、ブルーチーズやバナナを合わせたものなどユニークなパンが揃う。

map P259-3B
☎ 075・751・5556
京都市左京区岡崎徳成町18-6
8:00〜18:00
月曜、第2・4火曜休（祝日の場合は翌日）
イートイン可

PIE&SANDWICH OHSHIMA

パイ&サンドウィッチ オオシマ／城陽

　地元客をはじめ、遠方からのファンも虜にするベーカリー。そのお目当ては常時12種類が並ぶパイ。有機小麦や有精卵など素材にこだわり、低温でじっくり焼くことで、時間が経ってもサックリとした食感。揚げカレーパンなど、おかずパンも人気。

map P270-19
☎ 0774・26・3338
城陽市長池河原30-8
7:00〜16:00
土・日曜、祝日8:00〜
火・水曜休

ひと口食べれば心躍る
厳選素材のパイ＆タルト

いちじくは城陽産、牛肉はNZ
産牧草牛など、産地にこだわり
素材を厳選。パイ各540円

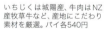

THEME
コッペパン

あれもこれも挟んで京都の名物がコッペパンに変身!

1. ナルトや煮卵など再現度の高いラーメン380円
2. ヨーグルトクリームとの相性が抜群のベリー350円
3. 出し巻き玉子のキヌガサ380円は一番人気

3 2 1

HAPPY BUNS

ハッピー バンズ／東大路七条

map P256-2D
☎ 075・354・5498
京都市東山区東瓦町690
10:00〜18:00
水曜休　イートイン可

　島原[GOOD TIME COFFEE]の姉妹店はユニークなコッペパンの専門店。京都人にはおなじみの、お揚げさんが入った出し巻き玉子を挟んだキヌガサをはじめ、キーマカレーやスモアなども人気。デザイン事務所ならではの洗練された空間で、一杯ずつ丁寧にドリップされたコーヒーと一緒に寛いで。

亀岡の隠れた美味を
コッペパンにサンド

とろーリ

肉汁がたっぷりな京丹波高原豚の角煮320円や
亀岡牛を使ったほくほくの亀岡牛コロッケ220円、
濃厚なクリームが美味なミルククリーム180円など

カメオカハサムコッペパン

カメオカハサムコッペパン／亀岡

map P270-21
☎ 0771・25・5218
亀岡市安町中畠167
9:30〜15:00※売り切れ次第終了
日・月曜、祝日休　イートイン不可

　亀岡など地元の食材の魅力を、オリジナルのコッペパンを通して発信しようとしている店主の古屋さん。遠方から訪れるお客さんも多く、小さなハンバーガーを思わせる、丸いフォルムが可愛らしいコッペパンの生地は、やわらかいオリジナルともっちりしたフランスの2種。ぜひ出来たてを味わって。

まるき製パン所

まるきせいパンじょ／松原堀川

甘めのふわふわコッペパン
昔ながらの味が評判に

お昼時には行列をなす活気ある対面販売の店。毎朝4時から一日数回、約1000個ほど焼き上げるコッペパンに、元気なスタッフが次々とバターを塗って具を挟んでくれる。無添加パンの素朴な味わいに、虜になってしまう。

ボンレスハムとたっぷり
キャベツのハムロール170円

シンプルに自家製餡をサンドした
あんぱん150円

長さ20cmほどの厚切りが嬉しいカ
ツロール220円

map P266-1B
☎ 075・821・9683
京都市下京区松原通堀川西入ル
北門前町740
6:30〜20:00
日曜、祝日7:00〜14:00
※売り切れ次第終了
不定休　イートイン不可

お米屋さん発
もちふわ玄米粉入りパン

ベーカリー おこめやさん

ベーカリー おこめやさん／西京極

大正2年創業のお米屋さんが始めた玄米粉入りコッペパンの店。香ばしくてもちもちふんわりと焼き上がったパンに合わせる、総菜やスイーツ20種類以上のラインナップに注目！

1. プリプリ食感のえびがぎっしりなえびカツ324円
2. オーダー後にサンドしてくれるあんバター205円
3. クリームたっぷりなカスタードホイップ205円

📍 P267-1B
☎ 075・313・2618
京都市右京区西京極西川町17
10:00〜18:00
日・月曜、祝日休　イートイン不可

専属料理長が作る
洋食店さながらの本格味

西山こっぺ堂

にしやまこっぺどう／長岡京

辛子マヨネーズがポイントの
だし巻きたまご230円

国産小麦粉を使用した無添加の自家製パンに、ベテランのシェフがカウンター奥のキッチンで作る本格具材をその場でサンドしてくれる。おかず系とおやつ系を合わせて約30種のコッペパンは、もちろんパンも自家製の無添加がこだわり。

📍 P270-20
☎ 075・925・6636
長岡京市友岡4-20-13
10:30〜17:00※売り切れ次第終了
月曜休　イートイン不可

ソングバードサンド 950円

隠れ家的なデザインカフェで
厚さ 4cmのサンドを頬張る

SONGBIRD COFFEE

ソングバード コーヒー／堀川竹屋町

　注文家具を主にしたデザイン会社が手掛けるカフェ。[ル・プチメック]の食パンを軽くトーストし、卵4つを使ったタマゴサンドが名物で、甘酢の自家製ドレッシングで和えた人参サラダも美味。

THEME　たまごサンド

map P255-3A　☎ 075・252・2781
京都市中京区竹屋町通堀川東入ル西竹屋町529
SONGBIRD DESIGN STORE2F
12:00〜20:00(LO／19:20)
第1・3水・木曜休

丁寧な仕事が生み出す
寛ぎ時間にやさしい味を

百春

ももはる／寺町二条

　何も考えずにぼうっとしたり、読書に耽ることの許される大人の寛ぎ空間で、肉厚のふんわりやさしいタマゴサンドを頬張りたい。鮮度にこだわり、毎朝必要な分だけ手煎りするコーヒーも一緒にぜひ。

タマゴサンド 600円

map P254-3D
☎ 075・708・3437
京都市中京区寺町通二条上ル常盤木町55
種池ビル2F
11:00〜18:30
火・木曜休

COFFEE HOUSE maki

コーヒー ハウス マキ／出町柳

意外な組み合わせが斬新
和風味のタマゴサンド

鴨川側と河原町通側の両方に入口がある町家のように細長い店内。醤油ベースのオリジナルドレッシングが利いたタマゴトーストは、鰹節や海苔がサンドされ、コーヒーともマッチ。

map P261-3B　☎ 075・222・2460
京都市上京区河原町通今出川上ル青龍町211
8:30〜19:00（LO／18:30）
無休

card

和風タマゴトースト
セット（ドリンク付き）
800円

---

knot café

ノット カフェ／北野天満宮

和と洋を"knot"＝結ぶ
抜群なセンスの味と空間

元西陣織屋の倉庫だったという建物は、天井が高い開放的な店内。分厚い出し巻き卵を［ル・プチメック］の小ぶりなパンではさんだ、和洋のコラボが京都らしい一品だ。

map P263-3A　☎ 075・496・5123
京都市上京区今小路通七本松西入東今小路町758-1
10:00〜18:00　火曜休（25日、祝日は営業）

出し巻きサンド
356円

Café ARRIETTY

カフェ アリエッティ／東山七条

笑顔こぼれる手作りの味
熱々の出来たてを頬張って

東山七条の女坂にある、大きな窓から光が入るカフェ。看板メニューはパンケーキながら、鰹ダシの風味が利いただし巻たまごを、食パンで挟んだサンドも隠れた人気。

map P256-1D　☎ 075・531・7911
京都市東山区妙法院前側町451-1
10:30〜17:30※パンケーキが売り切れ
次第閉店　日曜休

厚焼きたまごサンド
630円

サンドイッチのタナカ

サンドイッチのタナカ／間之町御池

店主・田中さんが毎日手作りするサンドイッチの専門店。「ケーキより豪華なサンドイッチを作ろう」と始めた、どこを食べても果物に当たる自慢のフルーツサンドをぜひ。

map P250-1C　☎ 075・221・6434
京都市中京区間之町通御池上ル高田町507
7:30〜15:00　土・日曜、祝日休

ケーキに負けない豪華な手作りフルーツ

フルーツサンド
430円

フルーツサンド

7種類の果物が彩る至福のフルーツサンド

フルーツサンド
1200円

フルーツパーラー クリケット

フルーツパーラー クリケット／北野白梅町

果物卸売商だった先々代から引き継がれているスイーツが人気の店。旬の果物が色鮮やかなフルーツサンドは塩気と甘味がうまく調和し、果物の甘さが引き立つ計算し尽くされた一品。

map P263-3A　☎ 075・461・3000
京都市北区平野八丁柳町68-1 サニーハイム金閣寺1F
10:00〜18:00(LO/17:30)　火曜不定休

フルーツパーラーいけだ

フルーツパーラーいけだ／御薗橋

朝から地元客で賑わう、御薗橋商店街にある青果店が営むフルーツパーラー。昔ながらの喫茶店を思わせる店内で、専門店ならではの新鮮な果物が気軽に味わえるのが嬉しい。

map P262-3A　☎ 075・493・0035
京都市北区大宮北椿原45 第1池田ビル1F
9:00〜19:00　木曜休

青果店の奥で贅沢な季節の果物を

クリーム
たっぷり☆

フルーツサンド
750円

Fruit&cafe HOSOKAWA

フルーツ＆カフェ ホソカワ／下鴨

　老舗フルーツパーラーで至福のケーキを楽しめる。旬の果物を使ったパフェやパティシエが手掛けるスイーツをはじめ、5月以降は宮崎産マンゴーのサンドもお試しあれ。

map P261-2B　☎ 075・781・1733
京都市左京区下鴨東本町8
10:00〜18:00(LO／17:00)　水曜休

期待を裏切らない！大粒あまおうの虜

苺サンド
1728円

※12月〜5月の季節限定

幸せ感が満載な果物専門店のフルーツサンド

スペシャル
フルーツサンド
864円

ヤオイソ

ヤオイソ／四条大宮

　創業明治2年の歴史を持つ果物専門店のフルーツサンドは、既に京都の定番に。みずみずしいフルーツと新鮮な生クリームが引き立てあった、さっぱりしたテイストが人気。

map P266-1B　☎ 075・841・0353
京都市下京区四条通大宮東入ル中町488
9:00〜18:00　パーラー（ヤオイソの4軒東隣に移転）
9:30〜17:00(LO／16:45)　無休

市川屋珈琲

いちかわやこーひー／馬町

　春はイチゴ、夏は桃など、季節に沿って主役を決めるのは、[イノダコーヒ]出身の店主・市川さん。朝に旬のフルーツという贅沢を、自家焙煎豆のブレンド470円とともに。

map P256-1D　☎ 075・748・1354
京都市東山区渋谷通東大路西入ル鐘鋳町396-2
9:00〜18:00　火曜、第2・4水曜休

ふんわりパンからこぼれるフルーツの個性

季節のフルーツサンド
980円

※写真は9月のマスカット
　とピオーネなど

インパクト大の竹炭バンズ
観光途中に立ち寄って

CROSS Burger&Beer/Coffee

クロス バーガー&ビアー コーヒー／嵐山

　嵐山の竹林から着想したという、竹炭入りの黒いバンズが印象的なハンバーガーは全3種。濃厚なチェダーチーズが入ったものや、嵯峨豆腐のパティに千枚漬けが入ったものなど、気になるメニューばかり。クラフトビールと一緒にどうぞ。

サラダにポテト、ドリンク付きの嵐山バーガー1580円

map P270-22
☎ 075・863・5885
京都市西京区嵐山上海道町48
11:00〜15:00、18:00〜23:00
火曜休

肉の旨みが凝縮された
妥協知らずのハンバーガー

HAMBURGER DINER BLUE PLANET

ハンバーガー ダイナー ブループラネット／六地蔵

　ハンバーガーのイベントでも優勝経験のあるこちら。ブロック肉から作るパティ、グラハム粉入りのバンズも毎日手作りするというこだわりのつまったハンバーガーやオリジナルドリンクと一緒に味わいたい。

つなぎ無しの牛肉100%を使用した、プラネットダブル800円

map P271-24
☎ 0774・26・9869
宇治市六地蔵町並40-23
10:00〜19:00
月曜、第1土曜休

東京の人気店の味が京都で
目も舌も満足のグルメバーガー

MOTION DINER KYOTO

モーション ダイナー キョウト／新京極

　[MOVIX京都]2Fにあるモダンアメリカンダイナー。原宿の[THE GREAT BURGER]が監修した、ふわもち食感のオリジナルバンズと粗挽きパティが絶妙なハンバーガー。映画のおともだけでなく、テイクアウトがOKなのも嬉しい。

ベーコンチーズバーガー1458円。
フレンチフライ付き

map P247-2A
☎ 075・254・3277
京都市中京区新京極通三条下ル桜之町415 MOVIX京都 南館2F
11:00～22:00（フードLO／21:00、ドリンクLO／21:30）
無休

和素材を使った新食感
個性派を食べ比べて

DRAGON BURGER

ドラゴン バーガー／東福寺

　一番人気は自家製柚子胡椒マヨネーズとスイートチリソースに、九条ネギなどの京野菜をふんだんに使った柚子胡椒バーガー。他にもカカオソースや万願寺唐辛子などの独創的で和テイストを織り込んだバーガーがたくさん揃う。

柚子胡椒バーガー1200円。ランチタイムは＋300円でポテト・サラダ・ドリンク付き

map P256-3C
☎ 075・525・5611
京都市東山区本町13-243
9:00～23:00(LO／22:30)
ランチ11:0～14:00　不定休

ブランドを創出します

COLLECTIONS

設、隠れ家的なおいしいお店。
の今"を様々な形でお届けします。

[直 営]	姉小路別邸	http://aneyakoji.net/
	ヴィラ三条室町・京都	http://sanjo-muromachi.net/
	KYOTO MIDTOWN COLLECTIONS 先斗町別邸	https://villapontocho.net/
	italiana SAGRA	https://italiana-sagra.therestaurant.jp/
	錦 鮨しん	https://sushi-shin.net/
	Cafe POCHER／petit house TOJI	https://toji-pocher.com/
	TRUCK POCHER	https://instagram.com/truck_pocher/

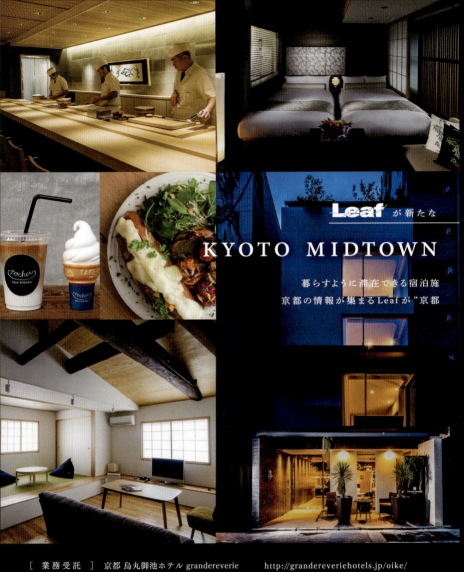

KYOTO MIDTOWN

Leaf が新たな

暮らすように滞在できる宿泊施
京都の情報が集まる Leaf が "京都

[業務受託]
京都 烏丸御池ホテル grandereverie　　http://grandereveriehotels.jp/oike/
京都 新町六角ホテル grandereverie　　http://grandereveriehotels.jp/shinmachi/
京都 四条高倉ホテル grandereveriet　　http://grandereveriehotels.jp/takakura/
京都アートステイ西陣捨松　　　　　　https://artstay.kyoto/
トモヤレジデンスホテル 京都 二条高倉　https://tomoyaresidencehotel.net/

株式会社リーフ・パブリケーションズ　Tel.075-255-7263　https://leafkyoto.net/

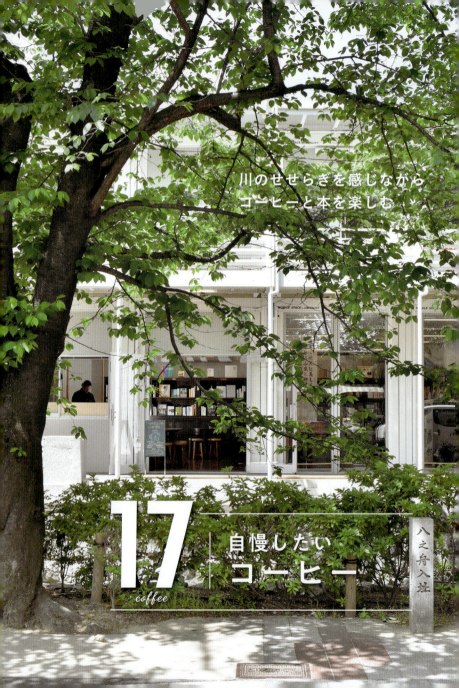

川のせせらぎを感じながら
コーヒーと本を楽しむ

17
coffee

自慢したい
コーヒー

八之舟入址

TRAVELING COFFEE

トラベリング コーヒー／木屋町蛸薬師

元立誠小学校の校舎から図書館併設の仮設としての話題のコーヒースタンド。店主・牧野さんによるこだわりの一杯はもちろん健在。京都府内の焙煎所から豆をオーダーメイドし、毎月1種類ずつ変えており、常に2～3種類の豆が選べる。高瀬川沿いで珠玉の一杯を味わおう。

今月の焙煎所 シングルオリジン400円。毎月変わる様々な焙煎所の味が楽しみ

map P247-3A
☎ 080・3853・2068
京都市中京区東入備前島町310-2 立誠図書館内
11:00～20:00
不定休

八坂の塔を見下ろす絶景カフェでひと休み

1. 4種の豆をバランス良くブレンドした高台寺ブレンド500円　2. 玉露抹茶のバターケーキ600円

SLOW JET COFFEE 高台寺

スロー ジェット コーヒー こうだいじ／高台寺

東京・北千住の人気自家焙煎コーヒー店が高台寺境内に登場。全82席のゆったりした空間で味わえるのは自家焙煎豆を使用したドリップコーヒーやエスプレッソ。抹茶や丹波黒豆を使った和スイーツと一緒にどうぞ。

 P248-2D
☎ 075・533・7480
京都市東山区高台寺下河原町526 高台寺境内
9:00～18:00 (LO／17:30)
※季節によって変動有　無休

世界各地の豆を
絶景ごと楽しむ

コーヒー

% ARABICA 京都嵐山

アラビカ きょうとあらしやま／嵐山

　ハワイの自社コーヒー農園や世界各地から仕入れる豆を自家焙煎。バリスタが豆の個性を引き出すように淹れる一杯がコーヒー好きを魅了する。嵐山の山並みや桂川が目の前に広がるとっておきのロケーションも魅力。

map P271-23
☎ 075・748・0057
京都市右京区嵯峨天龍寺芒ノ馬場町3-47
8:00〜18:00　不定休

香りがよく口当たり滑らかなラテはショート450円、トール500円

大山崎COFFEE ROASTERS

おおやまざきコーヒー ロースターズ／大山崎

阪急大山崎駅から徒歩数分。シングルオリジンの上質な豆を提供する焙煎所が一軒家に移転。店主の中村さん夫婦が洞窟をイメージしたという店内は、コーヒーの香り漂う心地良い空間。店頭では焙煎から3日以内の豆のみを販売し、豆が持つ味や香りが表現できることを大切にしている。

コーヒー豆はグラム単位で販売。ほろ苦い味わいのコロンビア シエラネバダフェアトレード&オーガニック700円(100g)など

map P271-25　☎ 075・925・6856
乙訓郡大山崎町大山崎尻江56-1
10:00～15:00
木・土曜のみ営業※常時ネット販売

コーヒー好きが集う心地よい空間でゆったりと

産地や品種により様々 豆の個性を楽しんで

1

珈琲焙煎所 旅の音

こーひーばいせんしょ たびのね／元田中

旅先のタイで出合ったコーヒーに感動し、焙煎所を始めた店主の北辺さん。持ち味を最大限に引き出すよう焙煎したコーヒー豆を飲み比べて、産地や品種ごとの個性を味わいたい。コーヒーに合うタルトやサンドイッチなども提供。[七條甘春堂]とコラボした新感覚のコーヒー羊羹もぜひ。

map P260-2D ☎ 075・703・0770

京都市左京区田中東春菜町30-3
10:00〜19:00
月曜休

1. まろやかで旨みも感じるアルト・デ・メディナ農園産の珈琲500円 2. 赤いラズベリー×黒いエチオピアの珈琲ゼリーパフェ750円＋150円で焼きマシュマロクッキーのせ

COFFEE BASE KANONDO

コーヒー ベース カンオンドウ／撞木図子

map P251-3B
☎075・741・8718
京都市中京区観音堂町466
ミヤコビル3F
8:00〜18:00、土・日曜、祝日11:00〜
無休

街中にひっそりと佇むスペシャルティコーヒー専門のコーヒースタンド。店内で焙煎してから1週間以内の新鮮なシングルオリジン10種を用意する。[招徳酒造]とコラボしたあまざけラテや、竹炭の入ったブラックラテなどのオリジナルドリンクもチェックしておきたい。

エスプレッソベースの
Flat White594円はシルキーな口当たり

路地裏ビルの3階から香り高いコーヒーを

白を基調にした斬新な
空間で至福の一杯を

walden woods kyoto

ウォールデン ウッズ キョウト／花屋町富小路

思想家ヘンリー・D・ソローが暮らした「ウォールデンの森」をテーマにした幻想的なカフェ。洋館を再生したモダンな空間で味わえるのはこだわりのスペシャルティコーヒー。60年代のヴィンテージ焙煎機で焙煎した豆を、バリスタの梅田さんが一杯ずつ丁寧にドリップしてくれる。

map P257-1B
☎ 075・344・9009
京都市下京区花屋町通富小路西入ル栄町508-1
9:00〜19:00
不定休

上質な甘みが特徴のウォールデンブレンド400円。コーヒーのお伴にビッククッキー200円〜などもおすすめ

自家焙煎した豆を丁寧にハンドドリップ

2種あるブレンドなど、ペーパードリップで淹れるコーヒー400円。日替わりのケーキと一緒にどうぞ

SHIGA COFFEE

シガ コーヒー／七条御前

店主の中谷さんは、東京や横浜の焙煎家を訪ねて自身のスタイルを探求し、ネット販売を経て待望の実店舗をオープン。中〜深煎りを中心にブレンド2種、シングル6種を用意。スペシャルティコーヒーには、妻の亜由美さんお手製のスイーツやホットサンドを組み合わせて。

map P266-2A ☎ 075・315・8486
京都市下京区西七条御領町25-2
12:00〜19:00
日・月曜休

心地よい音楽に包まれ
こだわりのコーヒーを

SICOU

シコウ／夷川油小路

　白壁に小さな窓と木の扉が目印。扉を開ければシンプルながら温かみあるカフェスペースが。カウンターでは店主が久留米に焙煎所を持つ［COFFEE COUNTRY］の豆を丁寧にドリップ。焼菓子と一緒にコーヒータイムを。

map P255-3A
☎ 無
京都市中京区夷川通油小路西入ル西夷川町571-10
11:00〜19:00
火曜休

アイスコーヒー500円はドリップと水出しの2種から選べる。バナナブロンディ200円

心地良いオープンな空間で
厳選コーヒーを

OPEN DOOR COFFEE

オープン ドア コーヒー／北白川

　東京の［堀口珈琲］をはじめとした、風味豊かで豆の個性が楽しめるスペシャルティコーヒー専門店。奥さんが手作りするスコーンやフードも人気で、Wi-Fi完備のコモルームでコーヒーと一緒にゆっくりと過ごしてみて。

map P260-2D
☎ 075・741・7323
京都市左京区北白川瀬ノ内町28-1
10:30〜19:00（LO／18:30）
木曜休

デリとパンがセットになったランチボックス。好きなドリンクとセットで1080円

富士山の絵柄が見事なカプチーノ600円、たっぷりの餡をサンドしたパンどら500円（セットで100円引き）

味もパフォーマンスも楽しい路地奥の店へ

Okaffe kyoto
オカフェ キョウト／綾小路東洞院

路地奥に構えるこちらへは、店主のシルエットを施したロゴを目印に。[小川珈琲]から独立し、バリスタとして輝かしい経歴を持つ店主・岡田さんのコーヒーは、思わず笑顔になれるパフォーマンスも含めて格別の味わい。古き良き喫茶店の趣も楽しんで。

map P252-1C
☎ 075・708・8162
京都市下京区綾小路通東洞院東入ル
神明町235-2
9:00〜20:00（LO／19:30）
不定休

218

自家焙煎した豆を
丁寧にハンドドリップ

ブルームコーヒー

ブルームコーヒー／新町正面

　店主・山本さんが目指すのはコーヒーが苦手な人でも楽しめるコーヒー。浅煎り・中煎り・深煎りをバランス良く取り揃えて、豆の個性を活かした親しみやすい一杯を提供してくれる。スパイシーなカレーもぜひお試しを。

ブラジル トミオフクダDOTの中煎り500円はまろやかな味わい。コーヒーに合うスパイスキーマカレー850円。目玉焼き+100円

 P257-1A
☎ 050・5327・5538
京都市下京区東若松町795-2
11:30〜22:00
水曜休(祝日の場合は営業)

コーヒー

西院 ROASTING FACTORY

さいいん ロースティング ファクトリー／西大路四条

　焙煎士の山下さんが設計から什器選びまで自身で手掛けたというこだわりの空間で、世界各国のスペシャルティコーヒーを販売。小型の焙煎機があり、注文後にその場で焙煎してもらえるほか、店内でもその味を楽しめる。

 P267-1B
☎ 075・323・1920
京都市右京区西院日照町60-1
10:00〜18:00
日曜休

厳選したコーヒー豆を
好みに合わせて焙煎

4種の豆を使ったオリジナルブレンドは万人に好まれる味。250円

駐車場の奥に見つけた コーヒーの香る小屋

珈琲 二条小屋

こーひー にじょうごや／堀川御池

酸味が控えめでほんのりビターなエチオピア430円。自家製ホットサンド390円も一緒にどうぞ

訪れる度にワクワク感が楽しめる、路地裏にひっそりと佇む古民家のコーヒースタンド。神戸【萩原珈琲】の炭火焙煎豆を使い、挽き立てを目の前でペーパードリップしてくれる。シングル6種＋ブレンドのラインナップは全体的にあっさりして飲みやすいのが特徴。居心地の良い秘密の空間に立ち寄って。

map P264-3B ☎ 090・6063・6219

京都市中京区最上町382-3
11:00〜20:00
火曜休、他不定休有

まるで秘密の隠れ家
焙煎室は屋根裏に

ヱントツコーヒー舎

ヱントツコーヒーしゃ／上七軒

　扉の奥に続く細いアプローチを進めば、おとぎ話の世界に迷い込んだような空間に。屋根裏で焙煎し、ハンドドリップで淹れるコーヒーはレトロなカップで提供。大ぶりで濃厚なNYチーズケーキなど手作りデザートも人気。

map P263-3B
☎ 075・464・5323
京都市上京区佐竹町110-2
12:00〜20:00(LO/19:30)　水・木曜休

深煎りと中煎りの4種をブレンドしたヱントツブレンド550円と自家製NYチーズケーキ550円

ほっと落ち着く空間で
コーヒーとトーストを

菊しんコーヒー

きくしんコーヒー／東山安井

　小さな喫茶店を営むのはミュージシャンでもある東さん。短時間で抽出することでより飲みやすい味になるからとサイフォンで淹れるコーヒーは、雑味が少なくキリッとした味わい。レモンスライスの乗ったトーストもぜひ。

map P248-2C
☎ 075・525・5322
京都市東山区下井手町61-11
菊しんアパート101号室
8:00〜18:00　日曜休

自家焙煎の豆をたっぷり使いサイフォンで淹れるコーヒー500円

五感で味わいたい
カカオ本来の持ち味

18 | 居心地のよい カフェ

cafe

ニブブッセ486円とマイコホットチョコレート594円はどちらも京都限定

ダンデライオン・チョコレート 京都東山一念坂店

ダンデライオン・チョコレート きょうとひがしやまいちねんざかてん／一念坂

サンフランシスコ発祥の[ダンデライオン・チョコレート]の関西初店舗。定番ドリンクやスモア、ブラウニーなどが味わえるカフェのほか、デザートとアルコールのペアリングを楽しめるCACAO BARスペースも併設。新しいカカオの体験にチョコレート好きの心もとろけるはず。

map P248-2D
☎ 075・531・5292
京都市東山区桝屋町363-6
10:00〜18:00（LO／17:30）　不定休

card

寺町 李青

てらまち りせい／御所南

　河原町今出川の李朝喫茶［李青］の2号店。本店同様、希少な李朝家具を配した空間で味わいたいのは、僧が修行中に口にしていた栄養食・禅食を美味しく食べやすくアレンジしたケーキ。店内では器や雑貨も展示・販売する。

🗺 P254-2D
☎ 075・585・5085
京都市中京区寺町通丸太町下ル
下御霊前町633
12:00〜18:00 (LO/17:30)　火曜休

薬食同源の精神に学ぶ
体にやさしいお菓子

穀物などが15種入った禅食ケーキ500円。生姜入りの韓方茶は700円

フレッシュな味わいの魅惑のデセールたち

ミルフィーユ972円。シャンパンジュレの香りで華やかに（季節により味は変更）

カフェ

PÂTISSERIE.S salon

パティスリー エス サロン／富小路六角

　人気パティスリーの2号店では、代表作の「S」を中心に得意のムース系20種がショーケースに並ぶ。オーダー後に仕上げるデセールもサロンだけの贅沢。マダムが構想を練り、シェフが作り上げる新作の数々を楽しんで。

map P250-2D
☎ 075・223・3111
京都市中京区富小路通六角上ル朝倉町546
11:00〜19:00
水・木曜休（祝日の場合は営業）

POCHERドッグプレート1000円、熱々のとろ〜りチーズトッピング+200円

おしゃれカフェで
話題のホットドッグ

Cafe POCHER

カフェ ポシェ／東寺

　東寺からほど近くにオープンした、プレッツェル生地のパンを使ったホットドッグをはじめ、城陽［カイドウコーヒー焙煎所］の豆によるコーヒーなどが楽しめるカフェ。地元の肉屋さんとコラボしたサンドも登場し、散策のお供にもぴったり。

map P257-2A
☎ 075・634・9892

京都市南区西九条針小路町89-1
10:00〜21:00 (LO／20:30)
不定休

カフェ&シャンパーニュ 祇園ちから

カフェ&シャンパーニュ ぎおんちから／祇園

　花見小路の［グランマーブル祇園］2Fに誕生した、フレンチトースト×シャンパーニュを楽しめるカフェ。マーブルデニッシュを使ったフレンチトーストなど、メニューはいずれもバー［K6］の西田稔氏監修という大人好みの逸品。

フレンチトーストで大人好みのブランチを

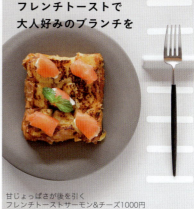

甘じょっぱさが後を引く
フレンチトーストサーモン&チーズ1000円

📍 P249-1B　☎ 075・533・7600
京都市東山区祇園町南側570-238
グランマーブル祇園2F
11:00〜19:30(LO／19:00)　無休

猫を眺めながら
くつろぎタイム

石焼Cafe & Cat 蔵之助のしっぽ

いしやきカフェ&キャット くらのすけのしっぽ／桂

　石焼の器で生パスタを楽しめる［蔵之助］の新展開は、猫を見ながら食事ができるカフェ。石焼パンケーキや石焼リゾットなど、メニューも気になるものばかり。キャットスペースはガラスの窓で仕切られているので安心。

📍 P267-2A
☎ 075・925・7634
京都市西京区御陵谷町37-6
11:00〜21:00(LO／20:00)
火曜休(祝日の場合は営業)

石焼パンケーキ970円は14:00〜18:00の時間帯でオーダー可

カフェ限定のスウィーツセット（フォンダン・ショコラ）1200円

THEME 老舗の新展開

懐かしい西洋菓子店にモダンなカフェ誕生

村上開新堂カフェ

むらかみかいしんどうカフェ／寺町二条

　明治40（1907）年創業の西洋菓子店で、伝統のロシアケーキのほかに新感覚の焼き菓子も評判。築90年の建物をモダンにリノベーションしたカフェではフォンダン・ショコラやシフォンケーキなどの限定スイーツも提供する。

map P254-3D
☎ 075・231・1058
京都市中京区寺町通二条上ル常盤木町62
10:00〜18:00　カフェ〜17:00（LO/16:30）
日曜・第3月曜、祝日休

宇治の老舗が提案するお茶の新しい楽しみ方

祇園 北川半兵衛

ぎおん きたがわはんべえ／祇園

　文久元（1861）年創業の宇治の抹茶問屋［北川半兵衛商店］が祇園にカフェをオープン。壁面に古い茶箱の木材をあしらったシックな空間で、最高品質のお茶を存分に満喫できる。夜はお茶のオリジナルカクテルに酔いしれて。

map P248-1C
☎ 075・205・0880
京都市東山区祇園町南側570-188
11:00〜22:00（LO/21:30）
不定休

5種のお茶とそれぞれに合うスイーツを味わえる茶詠み2800円

レトロモダンの甘味処
老舗の味を心ゆくまで

甘党茶屋 梅園 三条寺町店

あまとうぢゃや うめぞの さんじょうてらまちてん／三条寺町

　老舗甘味処の5店舗目は、大正ロマンの香り漂う洋館風のゆったり空間。みたらし団子やあんみつといった昔ながらの甘味や、現代風のアレンジを加えたワンプレートの点心セットなど、作りたての美味しさを提供する。

P247-2A
075・211・1235
京都市中京区天性寺前町526
10:30〜19:30（LO／19:20）
無休

「あんの花束」を中心に、おすすめ甘味が勢揃いの花点心930円

伝統を受け継ぎながら
新しい京菓子を提案

亀屋良長

かめやよしなが／四条油小路

　創業から210余年。波照間産黒糖を使った烏羽玉などの代表銘菓を受け継ぐと同時に、ココナツシュガーやメープルシロップなどを使ったブランド［吉村和菓子店］をプロデュースするなど柔軟な発想で新しい京菓子を発信する。

4つの味から選べる烏羽玉3種と抹茶のセット918円

P251-3A
075・221・2005
京都市下京区四条通油小路西入ル柏屋町17-19
11:00〜17:00※ショップ9:00〜18:00
無休

カフェ

朝から楽しむモーニング

1日の始まりは美味しいモーニングから。朝からしっかりと一汁三菜の朝ごはんを食べるもよし、眺めのいいロケーションのなかで景色と一緒に味わうのもよし。朝早く起きて、お気に入りの朝ごはんを食べたら、きっといい1日がスタートできるはず。

朝食喜心 kyoto
ちょうしょくきしん キョウト／祇園

体にじんわり染みる心のこもった朝ごはん

中東久雄さんを父に持つ中東篤志さんが、簡素ながら心のこもった献立を監修したこちら。土鍋ごはんは、煮えばなをひと口、さらに蒸らしたものを食べ比べ。うるめいわしの丸干しや漬物と一緒に滋味に富む朝食をどうぞ。

map P249-1B ☎ 075・525・8500
京都市東山区小松町555
7:30〜14:50 (LO／13:30)
木曜休(但し、イベント時は除く)

喜心の朝食2700円。汁物は豚汁や海鮮和風トマト汁など3種から選べる

朝から楽しむモーニング

 Café TIGER
カフェ タイガー／御所西

緑に癒されながら
ボリューミーな朝食を

植物やアンティークの調度品が飾られた落ち着いた店内でいただけるモーニングは、天然酵母パンを使ったボリューム満点のトーストやホットサンドが4種。コーヒーをマグカップでたっぷり楽しめるのも朝だけの贅沢。

map P255-2B
☎ 075・555・8533
京都市上京区下立売通室町西入ル東立売町211-2
8:00〜18:30（LO／18:00）
土曜10:00〜17:00　モーニング〜11:00
日曜休、他不定休有

あんクリームチーズのホットサンド550円。プラス120円でベーコンエッグとサラダ付きに

眺めのいいモーニング

Veg Out
ベグ アウト／七条

**鴨川ランニングの後に
ヘルシーモーニング**

鴨川を眺めながらモーニングを楽しめるカフェ。オリジナルのベグ パニーニなど、植物性の食材を中心にした健康的なビーガンメニューが味わえる。[WEEKENDERS COFFEE]の豆を使うスペシャルティコーヒーも用意。

map P256-1C
☎ 075・748・1124
京都市下京区七条通加茂川筋西入ル
稲荷町448 鴨川ビル1F
8:00～21:00 (LO／20:00)
モーニング～12:00 (LO／11:00)
月曜休

card

ベグ パニーニ972円、コーヒー540円（フードとセットで100円引き）

眺めのいいモーニング

チーズトースト650円。サクサクの
トーストにサラダやコーヒーも付く

喫茶いのん
きっさいのん／神宮丸太町

鴨川のほとりで
爽やかに朝ごはんを

丸太町橋の西詰に佇むこちらは、目の前には鴨川が流れる都心のオアシス。元々は1985年に四条烏丸で創業した老舗喫茶店だけあって、食事やコーヒーの味も折り紙付き。素敵な景色を見ながら心地よいひとときを過ごして。

map P254-2D
☎ 075・255・3315
京都市上京区鴨川丸太町橋西北詰
10:00～18:30（LO／17:50）
モーニング～11:00　不定休

DORF
ドルフ／岩倉

昔ながらの雰囲気も
魅力の洛北のオアシス

地元のマダムや家族連れなど、幅広い客層に愛される昔懐かしい雰囲気のカフェレストラン。モーニングセットはトーストや焼きたてのスコーンからチョイスできる。明るい光が差し込むテラス席でのんびりした朝を。

map P271-26
☎ 075・722・2367
京都市左京区岩倉東五田町4
8:00～22:30
（フードLO／21:00、ドリンクLO／22:00）
モーニング～11:00　無休

card 🚗

モーニングCセット550円。写真はシナモンシュガー

19 | 町家でごはん
machiya

PAIRING SET2300円。6種類それぞれのビールと相性の良いおつまみを

SVB KYOTO

スプリングバレーブルワリー キョウト／富小路錦

築約百年の町家をリノベーション。クラフトビール醸造所を併設したレストランで、体験型のブリューパブが、西日本に初登場。甘味や酸味が絶妙な「496」、カフェラテのように飲みやすい黒ビールの「Afterdark」など定番を含む10種類以上がビール好きの心を虜にする。

map P250-3D
☎ 075・231・4960
京都市中京区富小路通錦小路上ル高宮町587-2
11:00～23:00 (LO／22:00)
日曜11:00～22:00 (LO／21:00)
無休

町家

椎茸や味噌などの和素材のコンビネーション。SVBバーガー1000円

種類豊富な野菜がたっぷりのチョップドサラダ800円

京都の食材を使ったオリジナルのイタリアン

ディナーコース9000円より一例　1.黒毛和牛と松茸の炭火焼きに酢レンコンとセルバチコを添えて　2.ダシをしっかり染み込ませた鱧と焼きなすのパスタ

obase

オバセ／姉小路河原町

姉小路通に面する町家造りが印象的なこちら。気鋭として注目される小長谷シェフのテーマは『京都の食材でいかに美味しいものを作るか』。必要であれば昆布だしや醤油、味噌を使ったりとイタリアンの枠にとらわれることのない繊細でオリジナリティ溢れる料理が楽しめる。

map P247-2A
☎ 075・211・6918
京都市中京区河原町通三条上ル
恵比須町534-39
12:00〜13:30(LO)、18:00〜21:30(LO)
水曜休

IL TOBANCHI

イル トバンキ／小川三条

map P251-2A
☎ 075・555・9271
京都市中京区小川通三条下ル
猩々町123
18:00〜翌2:00 (LO／翌1:00)
火曜休

町家の雰囲気が大人女子に人気のイタリアンバル。オーナー兼バリスタの鳥羽さんとシェフの梅津さんによるカジュアルなイタリアンが楽しめる。その日の旬の食材を使ったパスタや前菜、さらにラテとスイーツも充実しているので、女子会にもぴったり。深夜までやっているので遅がけ使いもできるのが嬉しい。

深夜使いもできる人気の隠れ家バル

1. 賀茂茄子のボロネーゼ1300円。素揚げの賀茂茄子が濃厚なボロネーゼソースに絡む 2. 鳥羽さんによるラテアート。リクエストにも応えてくれるのが嬉しい 3. 前菜盛り合わせ800円〜。黒板から好きな前菜を選んでの盛り合わせもできる

おひとり様でも心地いい
お酒に合う料理

1. 鱧の炭火焼き ダシの利いたソースのパペッティーニ1944円 2. 鶏白レバーのなめらかテリーヌ1404円。ペーストの中で小さくカットしたレバーにお酒が進みそう

Osteria Coccinella

オステリア コチネッラ／高倉仏光寺

メタリックカラーの食器やデンマークの家具が町家空間に組み合わされたハイセンスな空間。広々としたカウンターにはひとり客も多く、店主・森山さんがもてなす、ワインや日本酒などのお酒に合う料理に魅了される。おすすめは魚介ダシが香るリゾットやパスタ。

map P252-1C
☎ 075・365・4300
京都市下京区高倉通仏光寺東入ル新開町397-2
18:00〜23:30 (LO／23:00)
月曜休、月1回連休有

自慢の鶏料理と
豊富な日本酒をゆっくりと

地鶏すきやき1940円。濃厚な旨みと弾力ある地鶏に日本酒がすすみそう

馳走いなせや

ちそういなせや／柳馬場三条

　京都らしい風情溢れる路地奥を通り抜けると重厚な町家が。名物の地鶏すきやきをはじめ、豊富に揃う鶏料理が味わえる。酒蔵との交流も広く、無濾過生原酒を中心に取り寄せた日本酒と一緒に味わいたい。

map P250-2D
☎ 075・255・7250

京都市中京区三条通柳馬場上ル油屋町93
11:30〜14:30（LO／14:00）
17:00〜23:00（LO／22:30）
月曜休

1年中楽しめるのが嬉しい、おでん200円〜。もつ味噌煮込み600円など

食欲そそるダシの香り
名物のもつ煮込みとおでん

にこみ 鈴や

にこみ すずや／姉小路新町

　町家を活かした店内はカウンター17席。創業から変わらぬ味わいの名物もつ煮込みをはじめ、おでん、締めのまかないカレーまで、少数気鋭のメニューはどれも美味。16時オープンなので早くから飲みたいときにもおすすめ。

map P251-1B
☎ 075・708・3178

京都市中京区姉小路通新町東入ル町頭町90-5
16:00〜22:30（LO）
月曜休

飄々とした京都の男だって、頭の中は"気になる彼女"でいっぱい。

Men's Leaf
[メンズリーフ]
vol. 05

どんなデートしてる？

京都の古墳、魔鏡、インスタ萎え、同棲、石萌え、恋の説法…

京男の恋愛偏差値

好評発売中

815円(税別)

KYOTO GOURMET & SHOPS

めぐる京都

"Kyoto style"

MEGURU KYOTO BOOK

書店にて
好評
発売中！

MEGURU_1
スイーツめぐり
MEGURU_2
宇治めぐり
伏見稲荷めぐり
祇園・東山めぐり
二条城周辺めぐり
嵐山めぐり
MEGURU_3
京ごはんめぐり

かわいいお土産コレクション
眺めのいい店へ

KYOTO GOURMET & SHOPS
めぐる京都
book
KYOTO GOURMET & SHOPS

エリア MAP

MAP01	河原町・東山
MAP02	祇園・清水五条
MAP03	烏丸周辺
MAP04	五条周辺
MAP05	京都御所・丸太町
MAP06	京都駅・七条
MAP07	岡崎・白川
MAP08	北大路・北山
MAP09	上賀茂

MAP10	**千本北大路**
MAP11	**西陣・二条**
MAP12	**太秦天神川**
MAP13	**西院・丹波口**
MAP14	**桂・向日町**
MAP15	**山科・蹴上**
MAP16	**伏見**

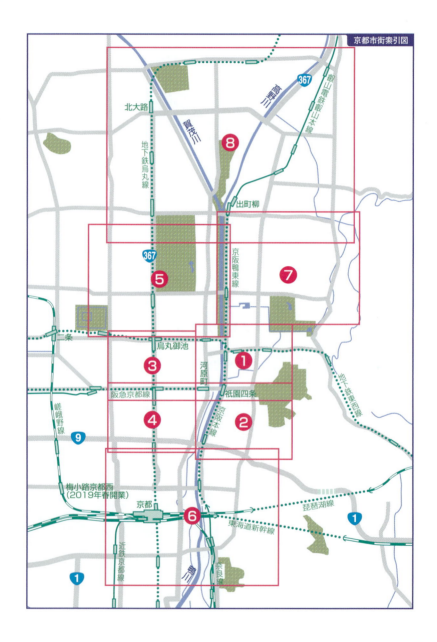

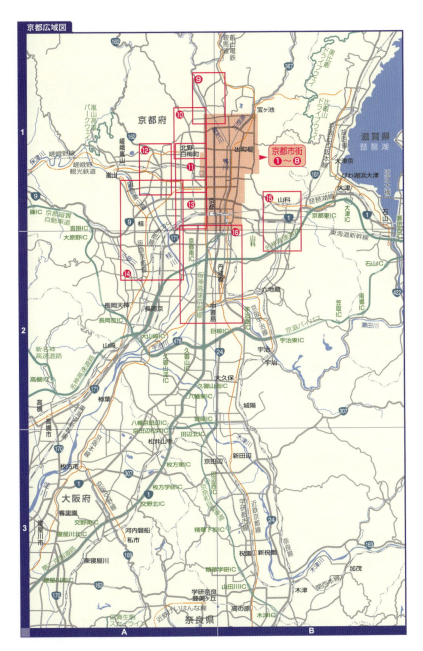

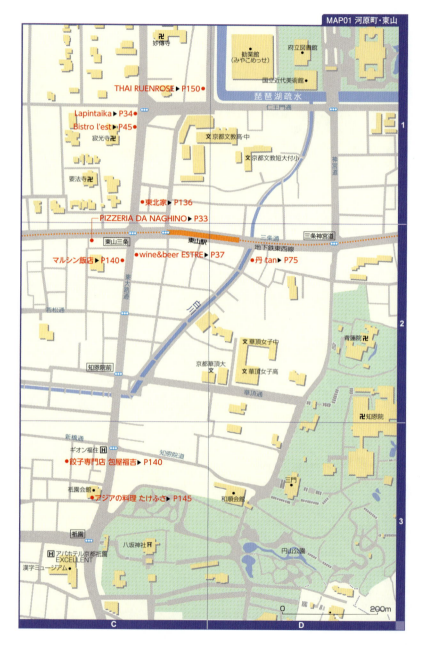

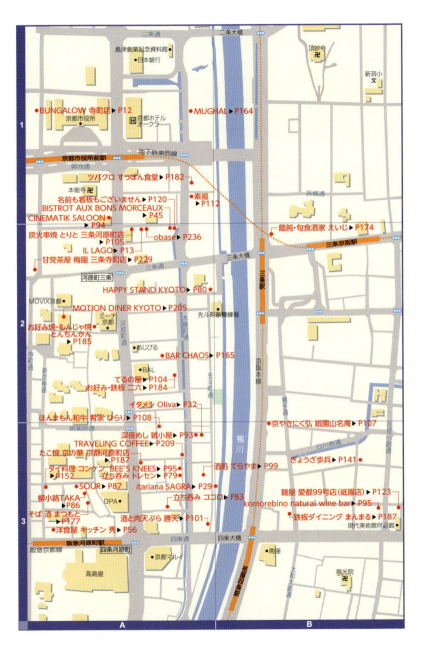

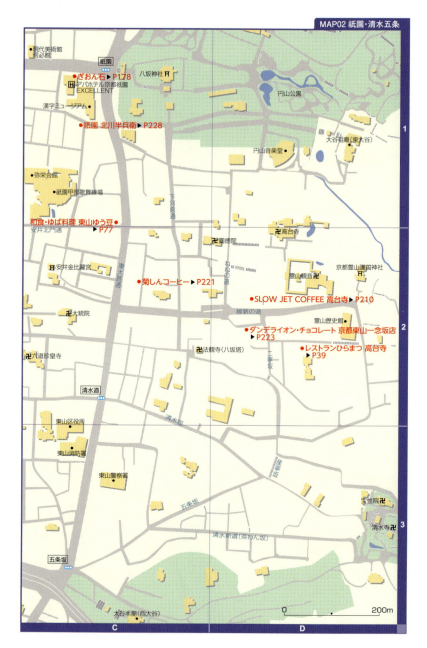

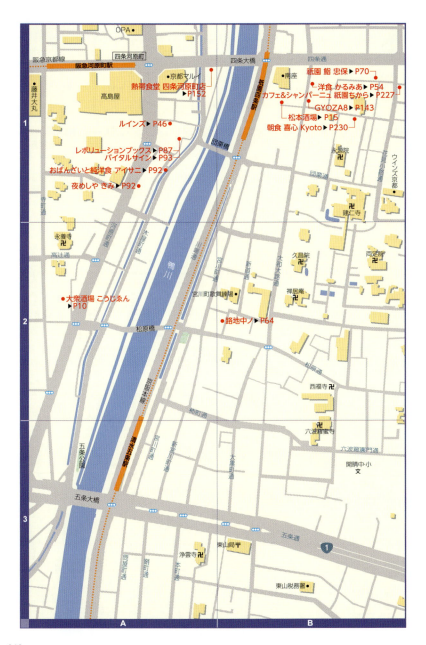

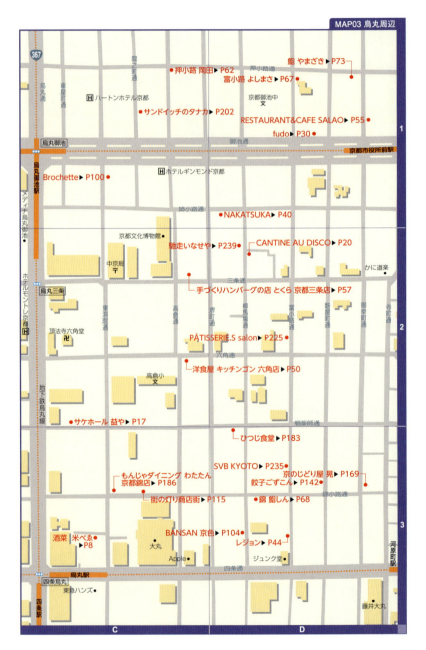

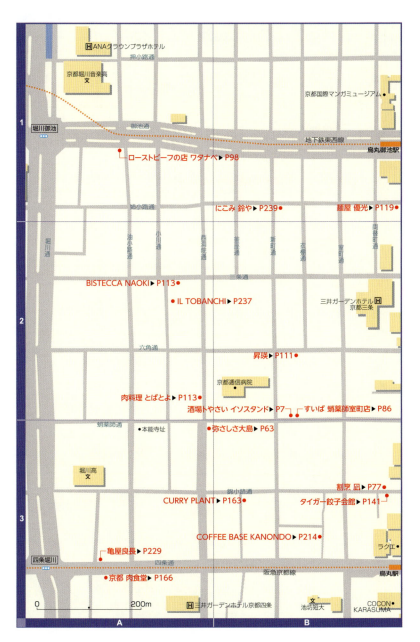

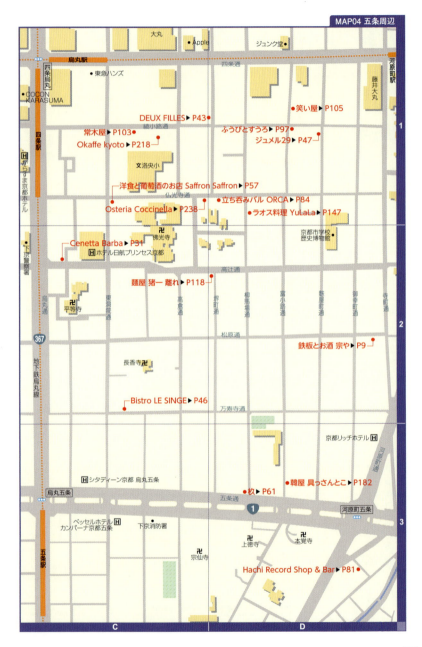

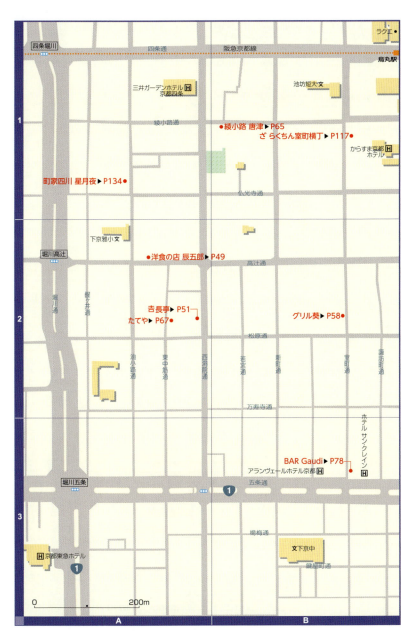

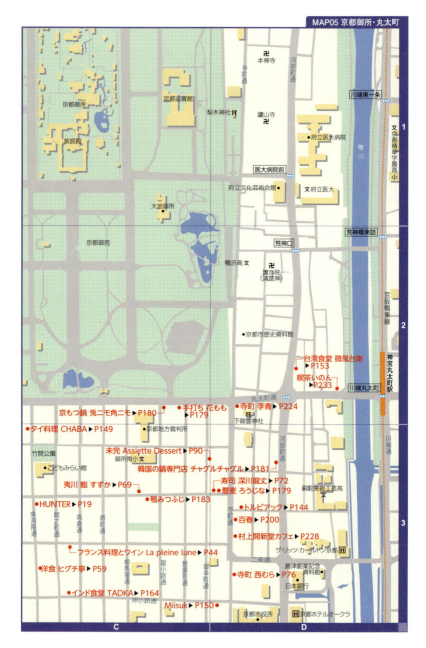

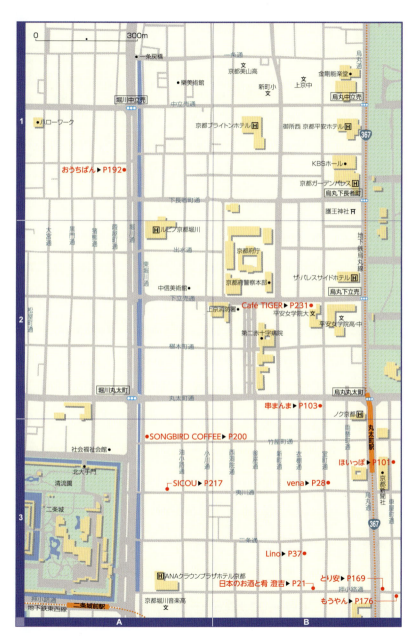

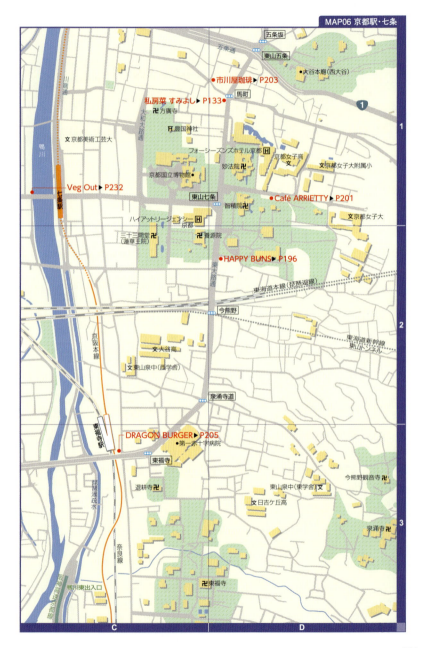

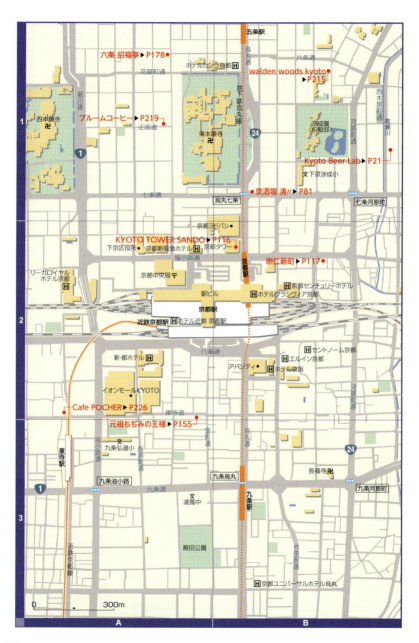

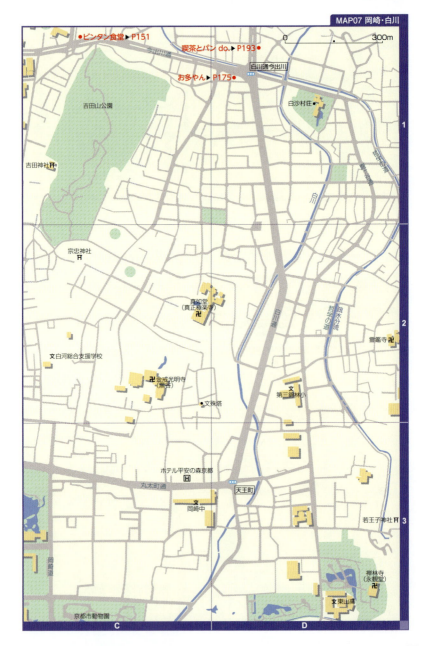

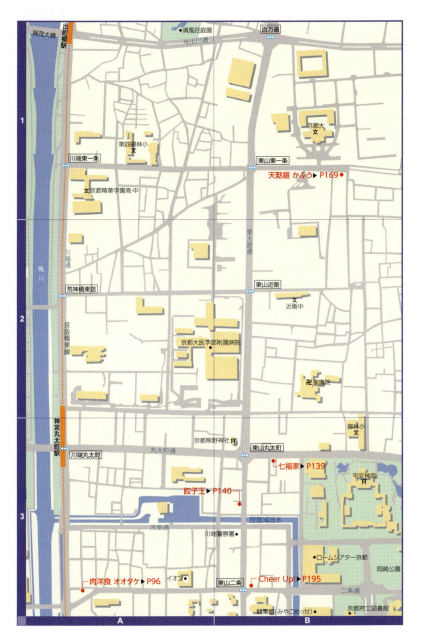

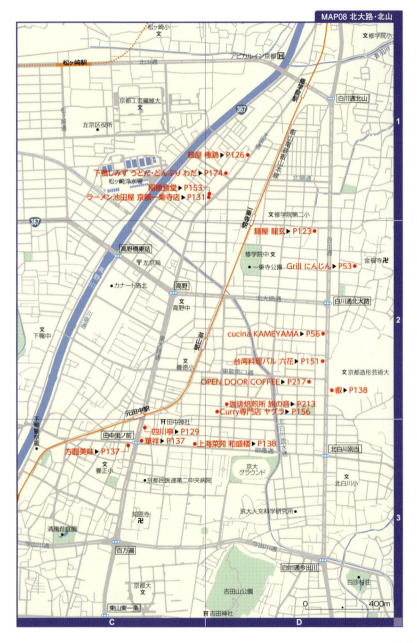

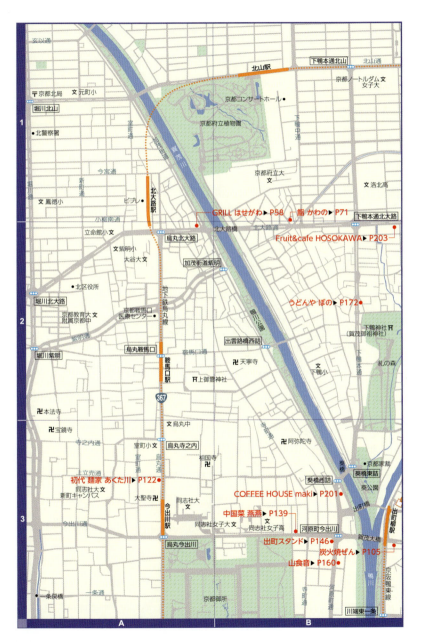

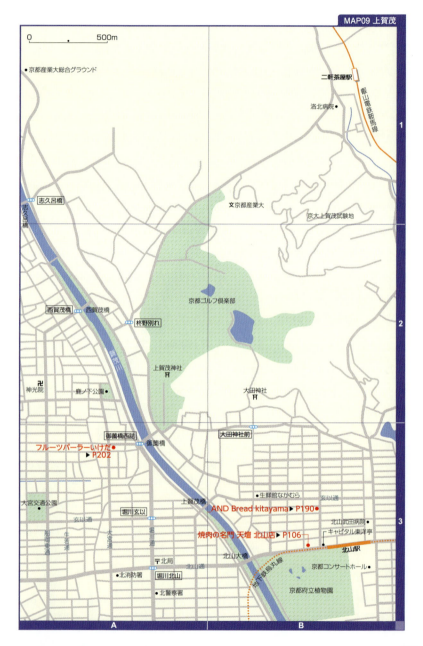

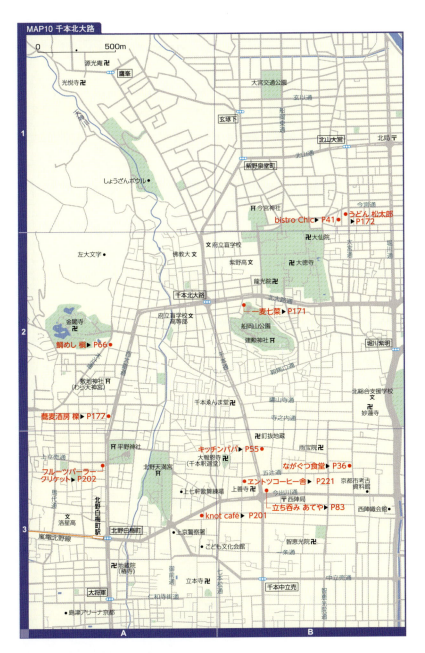

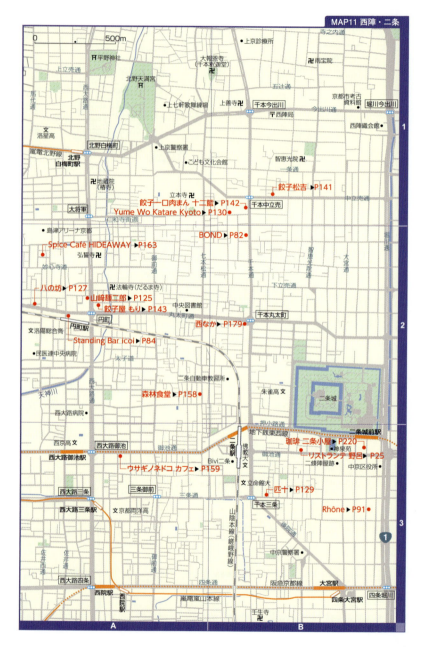

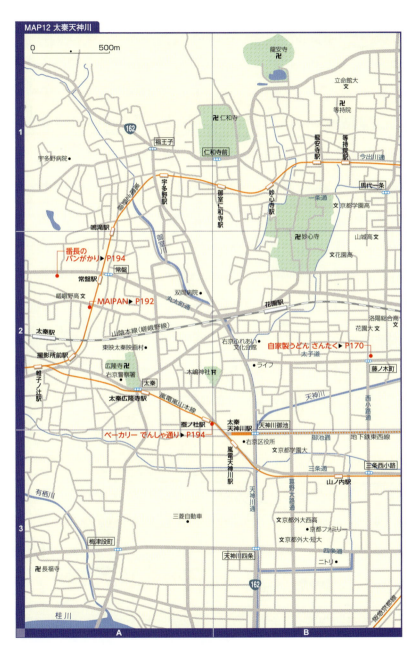

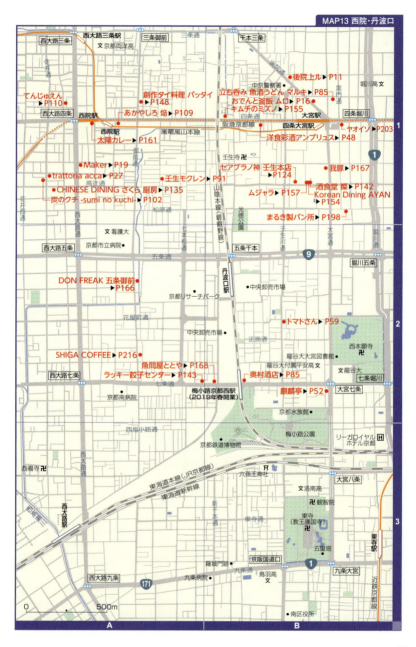

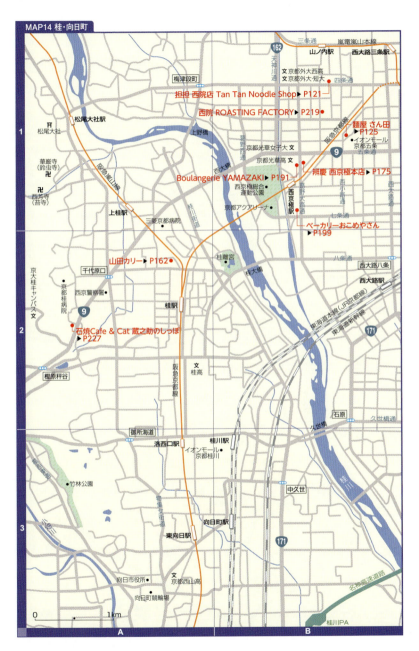

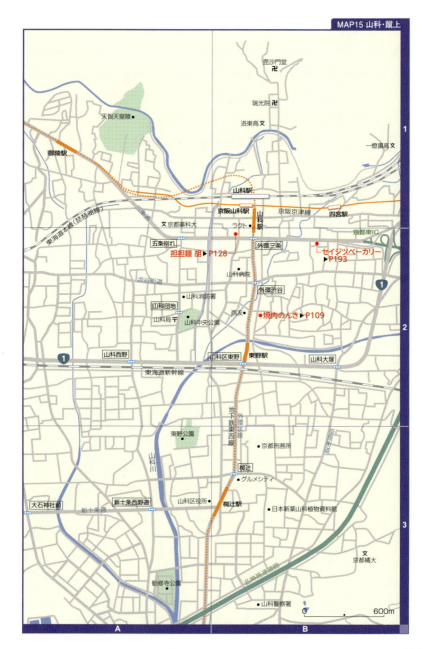

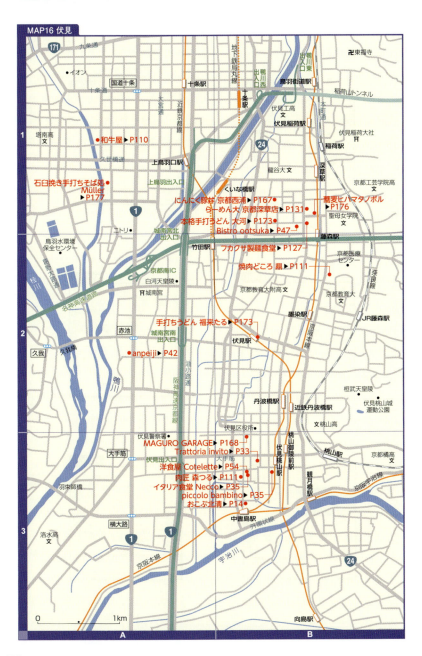

店名	カテゴリー	掲載ページ
焼肉どころ 鼎	肉	111
弥さしさ大島	和食	63
柳小路TAKA	立ち飲み	86
山﨑麺二郎	ラーメン	125
山食音	カレー	160
山田カリー	カレー	162
ゆ▶ Yume Wo Katare Kyoto	ラーメン	130
よ▶ 洋食 かるみあ	洋食	54
洋食彩酒 アンブリュス	洋食	48
洋食と葡萄酒のお店 Saffron Saffron	洋食	57
洋食の店 辰五郎	洋食	49
洋食 ヒグチ亭	洋食	59
洋食屋 キッチンゴン 六角店	洋食	50
洋食屋 キッチン 秀	洋食	56
洋食屋 Cotelette	洋食	54
吉長亭	洋食	51
夜めしやき きみ	夜に立ち寄る一軒	92
ら▶ ラーメン池田屋 京都一乗寺店	ラーメン	131
ラオス料理 YuLaLa	多国籍	147
ラッキー餃子センター	中華	143
Lapintaika	イタリアン	34
らーめん大 京都深草店	ラーメン	131
り▶ リストランテ 野呂	イタリアン	25
Lino	イタリアン	37
る▶ ルインズ	フレンチ	46
れ▶ レジョン	フレンチ	44
RESTAURANT&CAFE SALAO	洋食	55
レストランひらまつ 高台寺	フレンチ	39
レボリューションブックス	立ち飲み	87
ろ▶ ローストビーフの店 ワタナベ	肉	98
Rhône	夜に立ち寄る一軒	91
六条 招福亭	うどん・そば	178
路地中ノ	和食	64
わ▶ wine&beer ESTRE	イタリアン	37
我豚	丼	167
和牛屋	肉	110
和食・ゆば料理 東山ゆう豆	和食	77
笑い屋	肉	105

	店名	カテゴリー	掲載ページ
	フルーツパーラー クリケット	パン	202
	ブルームコーヒー	コーヒー	219
	Brochette	肉	100
へ ▶	ベーカリーおこめやさん	パン	199
	ベーカリー でんしゃ通り	パン	194
	Veg Out	朝ごはん	232
	辨慶 西京極本店	うどん・そば	175
ほ ▶	ほいっぽ	肉	101
	方圓美味	中華	137
	本格手打うどん 大河	うどん・そば	173
	BOND	立ち飲み	82
	ほんまもん和牛 肴家 ひらり	肉	108
ま ▶	MAIPAN	パン	192
	MAGURO GARAGE	丼	168
	街の灯り商店街	横丁	115
	町家四川 星月夜	中華	134
	松本酒場	酒場	15
	まるき製パン所	パン	198
	マルシン飯店	中華	140
み ▶	Miisuk	多国籍	150
	未完 Assiette Dessert	夜に立ち寄る一軒	90
	壬生モクレン	夜に立ち寄る一軒	91
む ▶	MUGHAL	カレー	164
	ムジャラ	カレー	157
	村上開新堂カフェ	カフェ	228
め ▶	Maker	酒場	19
	麺屋 愛都99号店(祇園店)	ラーメン	123
	麺屋 猪一 離れ	ラーメン	118
	麺屋 極鶏	ラーメン	126
	麺屋 さん田	ラーメン	125
	麺屋 優光	ラーメン	119
	麺屋 龍玄	ラーメン	123
も ▶	もうやん	うどん・そば	176
	MOTION DINER KYOTO	パン	205
	百春	パン	200
	もんじゃダイニング わたたん京都錦店	粉もん	186
や ▶	ヤオイソ	パン	203
	焼肉問屋 いちよし	肉	108
	焼肉の名門 天壇 北山店	肉	106
	焼肉のんき	肉	109

	店名	カテゴリー	掲載ページ
	西なか	うどん・そば	179
	西山こっぺ堂	パン	199
	日本のお酒と肴 澄吉	酒場	21
	にんにく豚丼 京都西浦	丼	167
ね▶	熱帯食堂 四条河原町店	多国籍	152
の▶	knot café	パン	201
は▶	BAR CHAOS	カレー	165
	バイタルサイン	夜に立ち寄る一軒	93
	八の坊	ラーメン	127
	Hachi Record Shop & Bar	立ち飲み	81
	HAPPY STAND KYOTO	立ち飲み	80
	HAPPY BUNS	パン	196
	PÂTISSERIE.S salon	カフェ	225
	BAR Gaudi	立ち飲み	78
	PIE&SANDWICH OHSHIMA	パン	195
	BUNGALOW 寺町店	酒場	12
	BANSAN 京色	肉	104
	HUNTER	酒場	19
	番長のパンがかり	パン	194
	HAMBURGER DINER BLUE PLANET	パン	204
ひ▶	BEE'S KNEES	バー	95
	匹十	ラーメン	129
	BISTECCA NAOKI	肉	113
	Bistro ootsuka	フレンチ	47
	BISTROT AUX BONS MORCEAUX	フレンチ	45
	bistro Chic	フレンチ	41
	Bistro LE SINGE	フレンチ	46
	Bistro l'est	フレンチ	45
	piccolo bambino	イタリアン	35
	ひつじ食堂	鍋	183
	PIZZERIA DA NAGHINO	イタリアン	33
	ピンタン食堂	多国籍	151
ふ▶	fudo	イタリアン	30
	ふうびとすうろ	肉	97
	Boulangerie YAMAZAKI	パン	191
	フカクサ製麺食堂	ラーメン	127
	私房菜 すみよし	中華	133
	フランス料理とワイン La pleine lune	フレンチ	44
	Fruit&cafe HOSOKAWA	パン	203
	フルーツパーラーいけだ	パン	202

	店名	カテゴリー	掲載ページ
	担担麺 胡	ラーメン	128
	ダンデライオン・チョコレート 京都東山一念坂店	カフェ	223
ち▶	Cheer Up！	パン	195
	Cenetta Barba	イタリアン	31
	馳走いなせや	町家	239
	CHINESE DINING さくら厨房	中華	135
	中国菜 燕燕	中華	139
	朝食 喜心 kyoto	朝ごはん	230
つ▶	ツバクロ すっぽん食堂	鍋	182
て▶	手打ちうどん 福来たる	うどん・そば	173
	手打ち 花もも	うどん・そば	179
	手づくりハンバーグの店 とくら 京都三条店	洋食	57
	鉄板ダイニング まんまる	粉もん	187
	鉄板とお酒 宗や	酒場	9
	出町スタンド	多国籍	146
	寺町 西むら	和食	76
	寺町 李青	カフェ	224
	てるの屋	肉	104
	てんじゅえん	肉	110
	天麩羅 かふう	丼	169
と▶	東北家	中華	136
	トマトさん	洋食	59
	富小路 よしまさ	和食	67
	DRAGON BURGER	パン	205
	trattoria acca	イタリアン	27
	Trattoria Invito	イタリアン	33
	TRAVELING COFFEE	コーヒー	209
	とり安	丼	169
	トルビアック	多国籍	144
	DEUX FILLES	フレンチ	43
	DORF	朝ごはん	233
	DON FREAK 五条御前	丼	166
な▶	ながぐつ食堂	イタリアン	36
	NAKATSUKA	フレンチ	40
	名前も看板もございません	ラーメン	120
に▶	肉匠 森つる	肉	111
	肉洋食 オオタケ	肉	96
	肉料理 とばとよ	肉	113
	にこみ 鈴や	町家	239
	錦 鮨しん	和食	68

	店名	カテゴリー	掲載ページ
す▶	すいば 蛸薬師室町店	立ち飲み	86
	崇仁新町	横丁	117
	鮨 かわの	和食	71
	寿司 深川龍丈	和食	72
	鮨 やまざき	和食	73
	Standing Bar icoi	立ち飲み	84
	Spice Café HIDEAWAY	カレー	163
	SVB KYOTO	町家	235
	炭のクチ -sumi no kuchi-	肉	102
	炭火串焼 とりと 三条河原町店	肉	105
	炭火焼ぜん	肉	105
	SLOW JET COFFEE 高台寺	コーヒー	210
せ▶	セアブラノ神 壬生本店	ラーメン	124
	セイジツベーカリー	パン	193
	枩	和食	61
そ▶	創作タイ料理 パッタイ	多国籍	148
	素福	肉	112
	そば 酒 まつもと	うどん・そば	177
	蕎麦酒房 櫟	うどん・そば	177
	蕎麦とハマタノボル	うどん・そば	176
	蕎麦 ろうじな	うどん・そば	179
	SONGBIRD COFFEE	パン	200
た▶	タイガー餃子会館	中華	141
	大衆酒場 こうじゑん	酒場	10
	鯛めし 槇	和食	66
	太陽カレー	カレー	161
	タイ料理 コンケン	多国籍	152
	タイ料理 CHABA	多国籍	149
	THAI RUENROSE	多国籍	150
	台湾食堂 微風台南	多国籍	153
	台湾料理バル 六花	多国籍	151
	たこ焼 京の華 京都河原町店	粉もん	187
	立ち呑み あてや	立ち飲み	83
	立ち呑み ココロ	立ち飲み	83
	立ち呑み 魚酒うどん マルキ	立ち飲み	85
	立ち呑みトレセン	立ち飲み	79
	立ち呑みバル ORCA	立ち飲み	84
	たてや	和食	67
	丹 tan	和食	75
	担担 西院店 Tan Tan Noodle Shop	ラーメン	121

	店名	カテゴリー	掲載ページ
	京やきにく弘 祇園山名庵	肉	107
	麒麟亭	洋食	52
く ▶	串まんま	肉	103
	cucina KAMEYAMA	洋食	56
	グリル葵	洋食	58
	Grill にんじん	洋食	53
	GRILL はせがわ	洋食	58
	CROSS Burger&Beer/Coffee	パン	204
こ ▶	後院上ル	酒場	11
	珈琲 二条小屋	コーヒー	220
	珈琲焙煎所 旅の音	コーヒー	213
	COFFEE BASE KANONDO	コーヒー	214
	COFFEE HOUSE maki	パン	201
	komorebino natural wine bar	バー	95
	KoreanDining AYAN	多国籍	154
さ ▶	ざらくちん室町横丁	横丁	117
	西院 ROASTING FACTORY	コーヒー	219
	酒食堂 燦	中華	142
	酒処 てらやま	肉	99
	酒と肉天ぷら 勝天	肉	101
	酒場トやさい イソスタンド	酒場	7
	サケホール 益や	酒場	17
	THE MATSUMOTO KITCHEN	イタリアン	26
	SOUR	立ち飲み	87
	サンドイッチのタナカ	パン	202
し ▶	SHIGA COFFEE	コーヒー	216
	自家製うどん さんたく	うどん・そば	170
	SICOU	コーヒー	217
	四川亭	ラーメン	129
	七福家	中華	139
	CINEMATIK SALOON	バー	94
	下鴨しみず うどん・どんぶり わだ	うどん・そば	174
	酒菜 米べゑ	酒場	8
	上海菜苑 和盛楼	中華	138
	ジュメル29	フレンチ	47
	昇瑛	肉	111
	常木屋	肉	103
	初代 麺家 あくた川	ラーメン	122
	深夜めし 雑小屋	夜に立ち寄る一軒	93
	森林食堂	カレー	158

	店名	カテゴリー	掲載ページ
	おでんと釜飯 ムロ	酒場	16
	obase	町家	236
	おばんざいと純洋食 アイサニ	夜に立ち寄る一軒	92
か▶	華祥	中華	137
	割烹 凪	和食	77
	Café ARRIETTY	パン	201
	カフェ＆シャンパーニュ 祇園ちから	カフェ	227
	Café TIGER	朝ごはん	231
	Cafe POCHER	カフェ	226
	カメオカハサムコッペパン	パン	197
	亀屋良長	カフェ	229
	鴨 みつふじ	鍋	183
	Curry専門店 ヤグラ	カレー	156
	CURRY PLANT	カレー	163
	韓国の鍋専門店 チャグルチャグル	鍋	181
	元祖ちぢみの王様	多国籍	155
	CANTINE AU DISCO	酒場	20
	韓屋 具っさんとこ	鍋	182
き▶	祇園 鮨 忠保	和食	70
	ぎおん石	うどん・そば	178
	祇園 北川半兵衛	カフェ	228
	菊しんコーヒー	コーヒー	221
	喫茶いのん	朝ごはん	233
	喫茶とパン do.	パン	193
	キッチンパパ	洋食	55
	キムチのミズノ	多国籍	155
	GYOZA8	中華	143
	餃子王	中華	140
	京酒場 涛〃	立ち飲み	81
	餃子ごずこん	中華	142
	餃子専門店 包屋福吉	中華	140
	餃子一口肉まん 十二籃	中華	142
	ぎょうざ歩兵	中華	141
	餃子松吉	中華	141
	餃子屋 もり	中華	143
	京のじどり屋 晃	丼	169
	KYOTO TOWER SANDO	横丁	116
	京都 肉食堂	丼	166
	Kyoto Beer Lab	酒場	21
	京もつ鍋 兎ニモ角ニモ	鍋	180

逆引きインデックス

	店名	カテゴリー	掲載ページ
あ▶	アジアの料理 たけふさ	多国籍	145
	甘党茶屋 梅園 三条寺町店	カフェ	229
	あかやしろ 焔	肉	109
	綾小路 唐津	和食	65
	% ARABICA 京都嵐山	コーヒー	211
	_AND Bread kitayama	パン	190
	anpeiji	フレンチ	42
い▶	石臼挽き手打ちそば処 Müller	うどん・そば	177
	石焼Cafe & Cat 蔵之助のしっぽ	カフェ	227
	イタメシ Oliva	イタリアン	32
	italiana SAGRA	イタリアン	29
	イタリア食堂 Necco	イタリアン	35
	市川屋珈琲	パン	203
	一麦七菜	うどん・そば	171
	稲穂食堂	多国籍	153
	IL TOBANCHI	町家	237
	IL LAGO	酒場	13
	インド食堂 TADKA	カレー	164
う▶	walden woods kyoto	コーヒー	215
	魚問屋ととや	丼	168
	ウサギノネドコ カフェ	カレー	159
	うどんや ぼの	うどん・そば	172
	饂飩・旬食酒家 えいじ	うどん・そば	174
	うどん 松太郎	うどん・そば	172
	vena	イタリアン	28
え▶	叡	中華	138
	夷川 鮨 すずか	和食	69
	ヱントツコーヒー舎	コーヒー	221
お▶	おうちぱん	パン	192
	OPEN DOOR COFFEE	コーヒー	217
	大山崎COFFEE ROASTERS	コーヒー	212
	Okaffe kyoto	コーヒー	218
	奥村酒店	立ち飲み	85
	お好み・鉄板 二六	粉もん	184
	お好み焼・もんじゃ焼 とんちんかん	粉もん	185
	おこぶ北清	酒場	14
	押小路 岡田	和食	62
	Osteria Coccinella	町家	238
	お多やん	うどん・そば	175

京都おいしいグルメ ちび 348店

■ **企画・編集・発行**
株式会社 リーフ・パブリケーションズ
〒604-8172
京都市中京区烏丸通三条上ル メディナ烏丸御池4F
TEL.075・255・7263 ／ FAX.075・255・7621
https://www.leafkyoto.net/
info@leafkyoto.co.jp

■ **PUBLISHER**
中西真也

■ **EDITORS IN CHIEF**
中野さやか

■ **CIRCULATING STAFF**
大塚健太郎、坂田尚也、内山正之(西日本出版社)

■ **AD STAFF**
細田光範、西澤邦広、原田淳史、鈴木一司、
澤野峰幸、井口卓哉、川本恵子、瀬津健太、
田中風花、五十嵐彩、谷村朋実

■ **ACCOUNTING STAFF**
柿森洋一、岩田彩加、小西香菜子

■ **DESIGNER**
北村嘉彦(UROKO design labo)

■ **PHOTOGRAPHERS**
夏見タカ、鈴木誠一、橋本正樹、畑中勝如、桂秀也、
木村有希、高見尊裕、津久井珠美、中尾写真事務所、
舟田知史、倉本あかり、三國賢一、武甕育子 & more

■ **WRITERS**
治部美和、佐藤桂子、柚原靖子、神崎英子、
渡辺裕子

■ **SPECIAL THANKS**
億奈央子、谷田和夫、上田紗耶子、観音寺豊一

■ **ILLUSTRATION**
藤井マリー

■ **MAP DESIGN**
データ・アトラス株式会社

■ **PRINTING**
図書印刷株式会社

表紙協力:Curry専門店 ヤグラ(P156)
撮影:夏見タカ

※落丁・乱丁はお取り替えいたします。
※本誌掲載の写真・イラスト・地図及び記事の無断転載を禁じます。
© 株式会社 リーフ・パブリケーションズ 2018 Printed in Japan
ISBN 978-4-908070-46-4

Leaf MOOK・書籍案内

「めぐる京都」
定価:本体815円(税別)

「Men's Leaf vol.5」
924円(税別)

Leaf MOOK・書籍の購入方法

Leaf MOOK・書籍はお近くの書店でもお申し込みいただけます。
(※一部受付できない書店もございますので、予めご了承ください)
「近所にLeaf MOOK・書籍が買える書店がない」という方にはLeaf
から郵送します。ご希望のMOOK・書籍を明記の上、現金書留で本
代と送料をお送りください。到着次第すぐにお送りいたします。
(※お手元に届くのに、約1週間〜10日かかります。また、在庫切れ
の場合もございますのでご了承ください)

本代(※MOOK・書籍によって異なります)**+送料150円**
2冊以上の送料は、冊数×150円となります。

もっと京都を知りたい人におすすめ!
月刊誌Leaf 年間定期購読のご案内

毎月、京都・滋賀の旬の情報を網羅した『Leaf』。買いそびれない
ためにも、毎月確実にお手元に届く定期購読をおすすめします!

年間購読料(1年間12冊分)
定価500円×12ヶ月=6000円(送料はかかりません!)

申し込み方法

1. 直接申し込みの場合

現金書留にて、合計金額と、住所、氏名、年齢、電話番
号、ご希望のMOOK・書籍名または月刊誌Leafのご希望
の開始月を明記の上、下記住所までお送りください。

〒604-8172
京都市中京区烏丸通三条上ル
メディナ烏丸御池4F
株式会社リーフ・パブリケーションズ 販売部

2. FAXにて申し込みの場合(銀行振込にてお支払い)

FAXにてお申し込みの後、こちらから振込先をFAXにて
お知らせします。振込が確認でき次第、お送りいたします。
入金確認に少し時間が掛かりますので、お手元に届くのが
遅れますがご了承ください。

FAX. 075・255・7621

お問い合わせ／Leaf販売部
TEL.075・255・7263